原因分析
～構造モデルベース分析術～

飯塚悦功　金子龍三
［著］

日科技連

まえがき

　それは今から 25 年ほど前にさかのぼる．私たち二人が，日本科学技術連盟の SQiP（ソフトウェア品質研究会）の前身である SPC（ソフトウェア生産管理）研究会で出会ったときのことである．

　飯塚は東京大学工学部の助教授で専門は品質管理．製造業の品質管理にある種の飽和感を感じて，ソフトウェア品質管理への関心から SPC 研究会に参加した．ここでバグの深い分析をしようと考えていた．ソフトウェア工学の精緻化と称する，理論のための理論開発，形而上学的精緻化へのアンチテーゼだった．

　ソフトウェアの設計・開発という高度な知的プロセスのレベル向上のためには，人間にとって何が難しく，なぜ落とし穴にはまるのか，それを防止するにはどのような手があるかを明らかにしなければ実現できない．泥臭く現実の思考エラーを分析しなければホンモノの知見は得られない．その方法がバグの深い分析であると信じていた．ところが相手をしてくれる研究会メンバはほとんどいなかった．現場の問題の現実的な解決法の一般化がソフトウェア技術の向上につながるのだと，研究材料の提供を求める大学の先生に付き合う酔狂な企業人はほとんどいなかった．

　そこに当時 NEC にいた金子が現れる．金子は，飯塚と同じ考え方で，社内の部下や他部門，さらには関連会社の指導・教育と称して，問題の深層の分析を行っていた．やり方は徹底していて，些細なミスに見えることの深因が，その本人の思考タイプ，性格，県民性，上司の仕事の流儀，所属部門の価値観，企業風土などにあることをつきとめたりしていた．

　その二人が意気投合し，問題解決法，原因分析法について意見交換をするようになり，そして 2 日間セミナを行うようになった．イントロと全貌の概観は飯塚，基本技術，問題発生構造モデルなどについては金子，そして 2 日目の午

後に受講者が持ち込んだ問題に対し二人で掛け合い漫才風に分析してみせる．

　初期のセミナテキストは 300 ページ以上あった．あまりにも膨大すぎるので量を減らし，現在はパワーポイントにした．だが，中身の濃さから言えば，ゴツゴツはしていたが初期のテキストが面白い．本書は，その粗削りなテキストを簡明にし，少しは読みやすくしたものである．削った部分の多くは「構造モデル」である．これは日科技連出版社のホームページ(http://www.juse-p.co.jp/)からダウンロードできる．

　本文に繰り返し書いたのだが，私たちの基本スタンスは，問題発生にはワケがあり，そのワケがわかれば学習を重ねて成長できる．そして，その学習プロセスにおける重要な要素が原因分析であるというものである．原因分析にはコツがあり，なかでも原因系に対するモデルを有していることが必須であって，問題発生に関わるあらゆる側面に関してモデル(仮説)を有していることが問題解決成功への秘訣であると考えている．

　問題解決に関わる類書が多々あるなかで，本書は，問題解決の手順，方法，技法を語るだけでなく，仕事の仕組みに関わる問題の構造や問題発生メカニズムの解明の重要性を繰り返し説く風変わりな書である．そのような些細な事象に何をそこまで目くじらを立てるのかと辟易とせずに，問題という，できれば避けたいマイナスの経験を，有意義な学習の機会として活用し，人も組織も賢くなり，仕事の仕組みの継続的なレベルアップを実現してほしいと心から願う．本書からそうしたメッセージを読み取ってくださる方が，ほんの数人でもいてくだされば，それで私たちが本書を書いた目的は達成される．

　本書の上梓にあたっては，粗削りなゴツゴツしたテキストの発掘，出版企画，構想，編集において，日科技連出版社の戸羽節文さんには本当にお世話になった．この場を借りて厚く御礼申し上げたい．

2012 年 3 月

飯塚悦功
金子龍三

目　　次

まえがき……………………………………………………………………………… iii

第 1 章　問題解決の反面教師………………………………………………… 1
1.1　問題解決に対する基本スタンス　3
1.2　問題解決の反面教師たち　10
1.3　問題解決の重要性の認識不足　12
1.4　問題の認識・理解の不足　15
1.5　問題の発生状況の把握不足　22
1.6　問題の発生原因の解明不足　29
1.7　対策の不備　38

第 2 章　原因分析の基本技術………………………………………………… 43
2.1　問題解決の定石　44
2.2　業務システムの脆弱性　46
2.3　根本原因分析（RCA）を超えて　59
2.4　原因分析の手順　65
2.5　原因分析の要素技術　71

第 3 章　構造モデル…………………………………………………………… 95
3.1　「仮説知識及び組織のプロセス資産構築」の構造モデル　100
3.2　「組織及び個人の自律性」の構造モデル　108
3.3　「マネジメントシステム」の構造モデル　112
3.4　「マネジメント技術」の構造モデル　117
3.5　「問題解決」の構造モデル　121

3.6 「製品サービス提供における企画・要求仕様の品質マネジメント」の構造モデル　*124*
3.7 「製品サービス提供における設計・検査の品質マネジメント」の構造モデル　*129*
3.8 「業務品質」の構造モデル　*134*
3.9 「プロセス保証」の構造モデル　*139*

第4章　構造モデルを用いた原因分析法の事例 …… *145*
4.1 改善活動が慢性的に不振　*148*
4.2 レビューで漏れた(慢性的問題発生)　*152*
4.3 マネジメント問題が多発している(マネジメント力不足)　*156*
4.4 マネジャが育たない(改善問題)　*160*
4.5 技術者が育たない(課題未達)　*165*

第5章　プロセスネットワークモデルを用いた原因分析法(PNA法) … *171*
5.1 技術課題認識問題「顧客の要求仕様通りだったのに」　*175*
5.2 開発計画未決定問題「開発計画の策定が遅れている」　*178*
5.3 リソース不整合問題「要員が足りない」　*179*
5.4 技術課題問題「タイミング問題が発生した」　*184*
5.5 レビュー問題「改造時にレビューで漏れた」　*185*
5.6 結合検査時の問題「潜在バグ問題」　*190*
5.7 開発遅れ問題「品質問題のために納期を守れそうにない」　*191*
5.8 操作性問題「画面が切替できず次の処理に移れない」　*196*
5.9 使い難さ問題「初心者には使い難い」　*197*

第6章　原因分析のQ&A …… *203*

索　引 …… *211*

第 **1** 章

問題解決の反面教師

問題解決，原因分析について考察するにあたり，まずは問題解決に対する基本スタンスを述べておく必要があるだろう．私たちは，「問題」という用語の意味を広くとらえている．起きてしまった個別の問題ばかりでなく，仕組みの不備も対象にする．まだ起きてはいないが，近い将来に対応しなければならない課題も対象とする．その意味では，問題解決は，継続的に効率よく目的を達成するためのすべての活動という意味での「マネジメント」において，極めて重要な位置を占めることになる．

　私たちは，問題の発生には「深いわけ」があると考えている．たまたま運悪く起こるのではなく，問題を起こしてしまう組織の技術力，マネジメント力，人間力，組織文化・風土・価値観などに，何らかの深因，真因，誘因，背景要因があって，ある意味では，起こるべくして起きたと考えている．そのため，問題が起きたら，その事後対応をテキパキこなし，一段落ついたところで，問題を起こしたこと自体を悔やむのではなく，この経験を何とか将来に生かしたいと思う．

　将来に生かすためには，将来もまた起こるかもしれない問題の類型とその種の問題が起こる発生メカニズムを理解しておく必要がある．もし問題発生メカニズムが，適度な抽象度で理解できれば，問題発生の可能性，つまりはリスクがわかり，予測と予防が可能となる．こうして，問題解決を通して，マネジメント力の向上が期待できる．

　問題発生メカニズムを的確に理解するためには，適切な原因分析能力が要求される．本書は，主に，この原因分析の方法論に焦点をあてる．何事もそうだが，原因分析にもコツがある．そのコツのようなものの会得を支援することが本書のねらいである．とはいえ，それはなかなか難しい．通り一遍の一般的な方法論，手順を知ればそれで会得できるかというと，そう簡単にはいかない．それは当然だろう．「問題」と言われるものは千差万別であり，それらを，おしなべて"うまく扱う"ことは至難であろうから．

　問題解決に関わる定石，コツのようなことを考察するにあたり，問題解決のステップ，各ステップでの基本的考え方と進め方，留意点などを体系的に書い

ていくのが普通だろうが，本書の入口は少々変わった形にしたい．それは，問題解決の「反面教師」について語ることである．私たちはこれまで，多くの方々と経営・管理・技術の広い範囲に及ぶ問題解決の相談に乗ってきた．それらの経験から，少なからぬ方が問題解決の落とし穴にはまっていると感じ続けてきた．その例を挙げて症状を説明し，なぜそれがよいことでないのか，どのような対処法があるのか考察する．これらは断片的だが，読み手の解読力によっては大きな示唆が得られるかもしれない17の症候群に対する考察をして，引き続く第2章における問題解決，原因分析の基本技術への導入とする．

1.1　問題解決に対する基本スタンス

(1)　電話の取次ミス

> プルルル……．電話がなる．
> 「はい，A株式会社役員秘書室です」
> 「もしもし，B社の金子というものですが，今週の金曜日の会合の件でちょっと打ち合わせておきたいことがありますので，イイヅカ常務に取り次いでいただけませんか」
> 「あいにくとイシヅカは席を外しております」
> 「席を外しているというのは，社外へ行っているということですか」
> 「はい，福岡に出張中です」
> 「(変だな，金曜日の案件で担当チームを集めて鋭意検討されていると思っていた…(独り言))．そうですか．では，私は，今日はずっと席におりますので，常務に連絡を取って電話をくださるように伝言していただけませんか」
> 「承知いたしました」
> 　そしてこの秘書は石塚常務に連絡を取る．一緒に出張していた技術部の山田課長と連絡が取れて，〈あらいけない，間違えた……〉となる．山田

> 課長によれば，B社の金子氏が連絡を取りたかったのは飯塚常務のほうであって，石塚常務ではないはずだというのだ．
> 　早速社内にいた飯塚常務に連絡して，やはり間違いであったことがわかる．
> 　「それで，どこの金子さんかね」
> 　「B社の金子さんとおっしゃっていました」
> 　「B社はいい．技術の金子部長か，それとも営業担当の金子常務か」
> 　ここで，この経験4カ月の新人秘書は再び言葉を失う……．

　読者諸賢はこの問題をどうとらえるだろうか．名前を聞き違えた小さな電話応対ミスと考えるだろうか．ちなみに同じ秘書室にいるベテランというにはまだ日も浅い経験2年の池田秘書はこの手の間違いをしたことがない．池田秘書はこう言う．

　「役員秘書室にかかってくる電話には，いくつかのタイプがあります．会社のビジネスに直接関連する社外の人，同じく社内，社会的活動を通じて接点のある学協会関連，大学の先生など，さらに仕事に関係ない友人，家族，セールスなどです．役員一人ひとりに専属秘書がつく場合，その役員の対人関係を把握するのは当然です．わが社は複数の秘書が複数の役員に対応していますが，求められることは同じです．むしろ重要になると思っています」

　どの役員にはどんな人からどんな電話があるか，その名前と用件の類型が整理できていなければ秘書は務まらないというのだ．B社の金子さんが飯塚常務に電話してきたという事実だけで，池田秘書は即座に用件の概要を理解した．石塚常務に間違うわけもなく，二人いる金子氏のうち偉いほうの人であることはすぐわかるというのだ．

　すると，この問題は「電話応対ミス」として簡単に片づけるべきでないことは明らかである．外部との接点であるという点で重要であり，一般論としても，コミュニケーションにおける非効率さが間接業務の生産性阻害の重大要因である点からも見過ごすことはできない．もちろんこの新人秘書を気の利かな

いお嬢さまだと非難して済む問題でもない．彼女が失敗をしてしまうのは必然であり，池田秘書がうまくこなすのにもまた理由がある．単に飯塚と石塚を聞き間違えたわけではない．

　電話における「ヒアリング能力」とは何だろうか．聞き取った名前などから，その背後にある用件，電話の理由，重要性，緊急性などのイメージをつかむこと，大げさな言い方をするなら，ビジネスプロセスにおけるその電話の位置づけを知る能力である．この訓練をしていないこと，重要性を認識して電話取次に必要な知識の体系が整理できていなかったこと，これがこの電話取次ミス事件の本質と考えることができる．

(2) 問題発生の深いわけ

　「問題発生には深い"わけ"がある」，「このわけがわかれば，企業・組織は学習を重ね成長できる」，「その学習プロセスにおける重要な要素が原因分析である」．これが本書の基本スタンスである．たかが新人秘書の電話取次ミス，気をつけさせればよいし，慣れればそのうち何とかなる，次に秘書を雇うときは目端の利きそうな者を採用することにしよう，というようなことでお茶を濁さず，事件の性質に応じて問題の深層を理解し適切な手を打つことを考えてほしい．業務の定義，必要な業務知識の定義，業務知識ベース・手順・マニュアルの整理，教育・訓練方法の検討などが必要になるかもしれないと認識して，問題の本質を見抜いてほしい．

　私たちはそれなりの思惑を胸に様々な企画・計画をし，目的を達成しようと行動する．そしてときに事件が起きる．事件は多くの場合，起こるべくして起きている．1件の事件は，運が悪くたまたま起きたと思われがちだが，多くはそうではない．「仕事に対する考え方」，「仕事の進め方」，「目的達成に必要な固有の知識・技術・技能」など，本質に関わるところに何らかの問題があって，その結果として事件が起きる．一つの事件が起きるということは，その組織の技術・知識，マネジメント，そして人に関わる不備の現われであって，一つの事件のかげには何件もの起きずに済んだ事件が潜在していると考えるべきであ

る．事件はいやなものだが，その経験から多くのことを学びたいと思う．

　事件には，遠因があり，真因があり，誘因となる状況・環境がある．もちろん，事件に至らしてしまう直接の原因がある．こうした原因を明らかにしたいとは思うが，どこまでどう分析するか，よく考えなければならない．問題解決について少しでも勉強した方は，まずは応急処置だけではダメだと息巻く．そして原因分析が浅いと鬼の首でも取ったように責め立ててくる．しかし，私たちは日常の業務のなかで，山ほどの，多くは小さな事件に遭遇する．それらすべてに対して，いわゆる根本原因分析（RCA）を行うことはやりすぎだと思う．

　ヒューマンエラーが起因となっている問題の根本原因分析の危うさは誰もが経験しているだろう．「なぜ，なぜ」と責め立てられて，ああわかったと爽快感を味わうことはない．下手に真因を追及すれば，私たちの多くは自身を抹殺しなければならず，組織の存在そのものを否定しなければならなくなる．本来の根本原因分析については後述するが，ここでは，問題に対して適切な対応をするためには，問題発生のメカニズムを理解する必要があることを指摘しておく．

（3）　問題発生のメカニズム

　「問題発生のメカニズムを理解する」と表現したが，これは容易なことではない．「問題の原因には多様な側面がある」，「問題の原因分析には複眼的思考が必要である」．これもまた本書の基本スタンスである．皮相的な意味での原因分析ではなく，問題の構造，問題発生のメカニズムを理解し，それに応じて適切に対応するために，どのような基本的考え方に従い，どのような方法で原因分析をし，問題を解決すればよいのか考察していきたい．その手始めに，問題の構造，問題発生のメカニズムに関して，本書ではどのようなイメージを描いているのか，少しだけ紹介しておきたい．

　問題意識，価値観に起因して問題が発生することがある．本来なら問題と認識しなければならないことが問題にされず，あとで火を噴くという意味である．問題意識を持てない理由，背景要因は深遠である．組織は個人の集まりで

あるので個々人が問題意識を持てるかどうかが重要だが，一方で組織運営スタイルが個々人の思考形態・行動様式を左右するという面もある．①外界に関心を持ち自己を見つめ実施すべきことを自覚する外向きの組織か，②内部コミュニケーションがよく相互啓発の機会の多い組織か，③誰が言ったかでなく事実を重視し不適切なことや改善の余地を看過しないことに価値を認める組織か，④積極的・前向きで将来ビジョンを共有している組織か，⑤家訓・社是・理念など組織の DNA とも言える価値基準，行動原則を持っている組織かなど，組織運営における価値観，行動原理が問題の深因となるのが普通である．これら 5 つの組織特性は，危機感のない組織，問題意識の低い組織，改善意欲のない組織に共通して欠如している特徴であることに気づくだろう．

　問題を起こす原因には，技術，マネジメント，人，組織風土・文化など多様な面がある．製品・サービスに固有の技術がなければ問題の山となるだろう．ここで技術と言っているのは，目的達成のための再現可能な方法論というような広い意味である．ミスを防ぐにはこの原則を守るのがよい，この手順に従うのがよいというようなルール，原則，教訓なども含む．こうした技術があっても，それらの技術を現実に組織で適用するためのマネジメントシステムを有していなければ問題が起きる．責任・権限，手順・マニュアル，技術・知識ベースなどが整備されていないと，どのような先端技術・知識も組織のものとはならない．またそのマネジメントシステムにおいて考え行動する人間の意欲，知識，技能が原因で問題が起きることもある．

　問題が問題になるには経緯がある．問題が発生し，その成長（変な言い方だが）が見逃され，ついに問題として姿を現し，それが適切に処置されずに火を噴く．何が発生原因で，どう見逃され，どう拡大されてしまったかというメカニズムの分析も意味がある．似たような見方で，目的達成のためのプロセスのどこに不備があるかという見方も問題の構造を理解するためには有効である．価値観，ビジョン，目標設定，構想（企画），設計（計画），実行，確認，修復処置などのプロセスのどこに問題があるかという見方である．

　いろいろ挙げたが，どこにどのような問題・不備があるかを理解し，それら

に適切に対応するために，このような意味での「問題発生メカニズム」の全貌を理解する必要がある．

　問題発生メカニズムの理解に関連して，発生したすべての問題を分析しなければならないというトラウマについても触れておく．起きた問題の原因を分析する目的は，将来に生かせる教訓を得るためである．処罰のためでも，報告集計のためでもない．そうであるなら，教訓を得るのに意味のある，同様のメカニズムで再発が予想される問題を分析対象にすべきである．

(4)　原因分析のコツ

　「原因分析にはコツがある」，「原因分析においては，原因系に対するモデルを有していることが必須である」，「原因系のみならず，問題発生に関わるあらゆる側面，例えば有効な対策などに関してモデル（仮説）を有していることが問題解決成功への秘訣である」．これが本書の原因分析に対する基本的考え方である．原因系に対するモデルとか有効な対策に関するモデルとは，「このような状況にはこのような問題が起こりやすい，その問題はこのようなメカニズムで起こる，それを防止するにはこのような対策が有効である」というような知識体系のことである．問題の経験から，こうした体系的な知識を蓄えたいと思う．

　問題解決への道筋として，一般的には，事件・問題の発生→状況の把握→構造・原因の理解→対応策（応急処置，再発防止，未然防止）というステップを経る．これらの各ステップにおいて，様々な留意点が指摘されている．本書では，次節以降で述べる「反面教師」のなかで取り上げる．

　問題解決において重要なことは，適切な対応策を講じることにある．"適切な対応策"には，まだ起きていない問題に対する対応策までも視野に入れて考えたい．そのために必要なことは以下の2つである．

　　①　問題を問題と感じる感受性・意識を持つこと
　　②　問題発生の構造を明らかにすること

　①ができれば，問題に対してタイムリーに手が打てる．問題を起こす前に問

題を処理できる．②ができれば，問題の発生の全貌を，つまりは問題発生の因果関係を理解できる．それによって適切な再発防止策を講じることができるし，未然防止策も可能となる．これらの結果として，効果的な現実的対応策を講じることができるようになる．

　こうしたことを成功裏に進めるために必須のことは何だろうか．それは「構造モデル」である．起きてしまった問題でも，まだ起きていないけれども対応の必要な課題でも，これらがどのような構造をしているかを理解できなければ適切には対応できない．理解するために何が必要だろうか．もちろん，個々の遭遇した問題ごとに，然るべき分析によって構造を明らかにすることはできるだろう．しかしそれでは不十分であり，非効率であり，分析者に依存しすぎるし，何よりも正解の可能性が下がる．この世に起きる問題は人間が起こす．もっと一般化した言い方をするなら，この宇宙の法則に従って起きる．そうであるなら，必ずや問題発生の法則を反映した「類型」が存在するはずである．これらの類型をどれほど体系的に整理しているか，これこそが組織としての問題解決能力を左右するものであると信じる．

(5) 「問題」という用語の意味

　本書の導入部の最後に「問題」という用語の意味について述べておきたい．本書では，「問題」，「原因」，「分析」という用語を多用する．ここまでの記述で，これらの用語が持つある種のニュアンス，すなわちそれぞれ「基準に達しなかった事象」，「その事象を発生させてしまった直接の原因」，「その事象を発生させてしまった直接的因果関係の分析」というよりは，ずっと広い意味を持たせていることにお気づきと思う．もしも「問題解決」という言い方が，現に発生してしまっている個別の不具合の解消を意味しているように思われるのなら，そうではないことを強調しておきたい．

　「問題」とは，現在そして将来を考えたときに，何らかの対応をしておかなければならない事象を意味している．「課題」という言い方をして，起きてしまった狭義の問題とタイプの異なる問題を表現しようとする場合があるが，も

ちろんその意味での課題も含む．すなわち，個別の不具合のみならず，全体として目標が達成できていないとか，プロセスやシステムの弱点を補強する，あるいは強化するような問題・課題も含む．さらには，新たなものを作ったり新たな技術を開発するなどのプロジェクト，新たなシステムや組織を構築するなどの課題達成とか，はたまたリスクを回避するというような問題も意味する．

本書でいう「原因」とは，上述したように，直接原因に限らない．むしろ誘因，背景要因にまで踏み込んで明らかにし，組織体質の改善にまで結びつけたいと考えている．「分析」とは，結果と原因の関係の解析を意味する．原因を広く理解しているので，当然のことながらその分析は必要に応じて広く深い範囲に及ぶこともあろう．分析の目的は，将来への教訓を得ることにある．

本書では，問題解決は，組織能力向上への教訓を得るための極めて重要な学習プロセスであるととらえており，原因分析は，適切な教訓を得るための中核となる方法論であると考えている．

1.2 問題解決の反面教師たち

問題解決，原因分析の定石，コツのようなことを考察するにあたり，問題解決のステップ，各ステップでの基本的考え方と進め方，留意点などを体系的に書くのが普通なのだが，ちょっと工夫をしたいと思う．

品質管理は問題解決を重視するので，私たちも様々な階層の様々な職種の方々と，品質を中心として経営・管理・技術の広い範囲に及ぶ実に多様な問題解決の機会に陪席してきた．そして，この世に問題解決能力において，その基本的考え方から再考していただかなければならない人々や組織があることに気がついた．その例を挙げて症状を説明し，対処法を考察していきたい．これらはすべて私たちが現実に出会った反面教師たちである．実は，私たち自身がそのよい例であるような症状も含まれている．

表1.1が以降で述べようとする症候群のリストである．いろいろあるのだが，一応は問題解決のステップの順に紹介する．少し長くなるがこれら断片的

表 1.1 症候群リスト

分類	症候群
A. 問題解決の重要性の認識不足	① 問題解決軽視症候群(問題解決の重要性がわからない) ② 発生問題解消がすべて症候群(起きた問題を解消できればそれでよい)
B. 問題の認識・理解の不足	③ 問題意識・意欲欠如症候群(そもそも問題意識がない,低い) ④ 複雑問題認識不足症候群(複雑な問題を認識できない,意味が理解できない) ⑤ 問題兆候見逃し症候群(発生しかけている問題,将来起きそうな問題を認識できない) ⑥ 自己防衛・言い訳症候群(自分の問題を,問題と認識できない)
C. 問題の発生状況の把握不足	⑦ 事実確認不足症候群(何がどうなっているか事実を確認しない) ⑧ 事実究明こだわり症候群(あかたも犯罪捜査のように事実究明にこだわり過ぎる) ⑨ まとめたがり屋症候群(多様な問題の本質を理解できずとにかくまとめたがる) ⑩ 数値データ崇拝症候群(統計,数値データになると真実と思ってしまう)
D. 問題の発生原因の解明不足	⑪ 実施者犯人思い込み症候群(「誰がやった！」 問題を起こした人に責任を取らせたがる) ⑫ 仮説検証不足症候群(想定発生原因が本当に原因かどうかよく調べない) ⑬ 因縁無理解症候群(直接原因にこだわり,間接原因,誘因,背景要因を理解しない) ⑭ 要因分類症候群(問題発生構造でなく,想定要因の分類で満足してしまう) ⑮ なぜなぜ5回こだわり症候群(視野狭く「なぜなぜ」と極めることが正しいと誤解している)
E. 対策の不備	⑯ 対策先行症候群(原因分析を疎かにして,とにかく対策を打つ) ⑰ 解答100選当てはめ症候群(どこかで見聞きした対応策を真似してみる)

な考察のあと，次の第2章において復習，整理として問題解決法，原因分析法について述べる．

1.3　問題解決の重要性の認識不足

①　問題解決軽視症候群

> 「部長，わが社のロングセラー製品 A の売れ行きはここ10年着実にシェアダウンし続けていて，ついに10％を割りそうです．何とかしなければ……」
> 「何とかとはどういう意味だ」
> 「ですらシェアダウンの分析をして……」
> 「そんなこと考えていないで足を棒にしてでもお客様詣でをしてこい．景気がよくなればそのうち何とかなる．本社の企画部門で何か考えているようだし」

「問題解決軽視症候群」の患者の行動様式は刹那的である．問題が発生すると，何とかしなければならないものについてだけ，とりあえずの火消しをする．問題発生の根本に立ち戻り，もとから正そうとはしない．相当に危ない状況でも問題視せず，特段のことはしない．「問題解決？　過ぎたことを悔やんでどうなる？　そうでなくても忙しいのに……」といった具合である．

管理一般において意外に重要なもの，それは問題解決である．問題解決力があると，まず，起きてしまった問題を，さりげなく的確に片づけることができる．自分の周りにそんな能力を持った優秀な若者が二，三人いたらと考えるだけで嬉しくなる．挑戦的な仕事ができるようになるだろう．その若者はそれほどの失敗をしないだろうし，たとえ失敗しても鮮やかに解決する．いざというときの備えがあるという自信でよい仕事ができるにちがいない．次に，問題解決力があると，よい計画が作れる．錯綜した状況の本質を見抜き，問題を正し

く把握し，問題を起こしている原因を事実に基づき論理的に解析し，広い考慮を払った適切な対策を取れることにほかならない．よい計画はよい反省から生まれ，よい反省は深い解析を通してなされる．こうして，はじめて，プロセス重視の，考慮の行き届いたよい計画ができる．

TQM, シックスシグマ, ISO 9000 など, マネジメントシステムやプロセスの改善を志向するプログラムを形だけを導入して苦労する例を分析してみると, 問題解決を軽視していることに気づく. TQM での典型例は, 方針管理の形式的導入後の苦労である. 方針管理の仕組みを理解したつもりになるのは簡単である. しかし, 実施してみるとなかなか思うようにいかない. 2つのことが忘れられているからである. 第一に, 方針管理を導入する前に日常管理の仕組みができていなければならないこと, 第二に, 管理を実施していく上で問題解決が基本であることである. まずは, 自部門の問題解決から始めないと, 組織的改善活動はいつまで経っても導入期に留まるだろう. なぜなら, システム, プロセスには技術に裏打ちされたツボがあり, それは失敗の分析から得られる知見によってレベルアップするからである.

② 発生問題解消がすべて症候群

「部長，ちょっと変です．わが社の製品 B の売れ行きが予想外に伸びています」
「予想外とは何という言いぐさだ．自信を持て，自信を．売れているならよいではないか」
「いや，製品 B は，Y 社向けに開発した製品を，もっと小規模の組織でも使いやすいように機能を限定して，軽くしたものですが，どうも個人ユース用に売れているようです」
「じゃあ，個人にも売ったらよいではないか」
「いや私が言いたいのは，個人顧客が製品 B のどこを評価してくれているか分析すれば，このニーズを直接ターゲットにした製品にカスタマイズ

> できるのではないかということです」
> 「それはわが部の仕事ではないだろう．企画された製品を開発していればいいんだ」

　この部長は極めて狭義の管理者といえる．この部下と地位を交替したほうが会社のためになる．この部下の問いかけは，示唆に富んでいる．予想と異なる売れ行きを示したということは，把握しきれていないニーズがあることを意味し，新たな売れ筋製品の企画という機会があることを示唆している．予想外の売れ方をするということは企画の失敗に違いないので，企画プロセスの不備を問題にすべきであろう．市場ニーズの把握，製品コンセプトの定義，あるいは製品Bに用いた要素技術の用途開発の視点での，企画プロセスの未熟さに関心を持つべきである．

　いずれにしろ，どう見ても問題といえるものをいい加減に解消していくだけで，よい組織ができるわけがないことは確かである．発生した問題をブツブツ言いながら解消していくだけでは，いつまで経っても問題に振り回されてしまい，問題の先に回り込むことはできない．日常の様々な事象から，起きている問題の本質を考察し，何よりも組織としてレベルアップしていく機会を感じ取る能力を持ち続けたい．

　本書では，「問題」という用語を，「自分たちの将来までをも考えたときに，いま実施しておかなければならないこと」くらいの意味に使うと前述した．この意味では，製品Bが予想外に売れたことは問題である．「原因」とは，現に発生しているその不具合を引き起こした直接の原因のみならず，真因，遠因，誘因，背景・状況・環境なども意味している．「分析」とは，まずは，その問題発生のメカニズムを解明することであるが，同時にその種の問題を引き起こす構造を明らかにすることも意味している．

1.4 問題の認識・理解の不足

③ 問題意識・意欲欠如症候群

> 「○○部長，君の部門には何か問題があるかね」
> 「いや，特にありません」
> 「だが，納期に追われ，残業が増えて，若い者たちに不満が出始めていると聞いたが」
> 「そうですかね．時節柄，残業代が増えて嬉しいという者もいますから」
> 「納期に追われているというのは，要はキャパが足りないんじゃないのか」
> 「それはそうです．要員を増やしてください」
> 「そういう意味ではない．キャパが足りんというのは，本当に量的に不足しているということもあるし，生産性が低いということもあるし，対応すべきでない業務で手一杯ということもある．もし本当に要員が量的に不足しているのなら，新事業，新製品のための組織改造を考えねばならん」
> 「いやそれは……．特に何かしなければならないとも思いませんが」

　問題を解決するためには，まずは問題があるのではないかと感じて状況を調査・分析し，問題があるかどうかをはっきりさせようという気になる必要がある．ところがその気にならない人が大勢いる．明らかに問題なのに何で放置するのか，このままにしていたら取り返しがつかなくなるのにと思うことがよくある．こんなにオイシイ話に何で乗らないのか，絶好のチャンスなのにと思うこともある．そんなことがと思うかもしれないが，問題解決で最も難しいのは，実は問題意識を持つことである．

　こうした問題意識や改善意欲を持てない人や組織を変えるにはどうすればよいのだろうか．「危機感」と「ビジョン」が鍵である．いま自分たちの身の回りに起こっていること，近い将来起こりそうなことと，自分たちの現在の対応

状況との間のギャップに鋭い感覚を持ったときに「危機感」が生まれる．こうしたマイナス思考でなく，将来こうなりたいという明確な「ビジョン」を掲げることもまた問題意識を持つ集団にするために重要である．一見すると順風万帆でいま何もする必要がないように思えても，将来自分たちはこうなりたいという展望を持つことによって，いまなすべき課題が見えてくるということである．個人にとっても，組織にとっても，このような意識を持つことが極めて重要である．

　それでは，危機感を持ち，ビジョンを持てるようになるにはどうすればよいのだろうか．危機感を持つために最も有効なことは，本当に危機的状況に陥ることだろう．しかし，これでは手遅れになってしまう．手遅れにならないうちに危機感を持つためには，2つの意味で感度を上げる必要がある．第一に，既に存在している問題を見抜くこと，第二に，近い将来生ずると想定される問題を今から感知できるようにすることである．組織としてこのような仕組みを持つことは，その組織の長の責務であり，そのリーダーシップが重要である．一人ひとりの危機感によって人々は前向きの活動をしなければならないという意識を持つようになるが，その向かうべき方向や手段がバラバラになりがちである．この人々の意識を組織としてまとめ上げるためには，先頭に立って同じ方向に引っ張っていく人が必要となる．高いビジョンを掲げ，現実が決して満足すべき状況ではないことを示し，組織全体を一つの方向にリードしていかなければならない．

④　複雑問題認識不足症候群

「部長，最近どうもおかしいです」
「何が，おかしいのだ」
「顧客からの苦情が増えていますが，つまらない原因によるものが多いのです．DR（デザインレビュー）でも，とてもDRの対象にならないような完成度の低いものをレビューすることがしばしばです．レビューのレベ

> ルも落ちています．完成度が低いせいもあるかもしれませんが，指摘して当然のものが漏れています．テストで見つかる不具合にも，もっと前工程で見つけておくべき基本的なものがあります．そのテストもひどいものです．計画したテストが全部終わっていないのに納入してしまい，客先で満足に動かず恥をかく例もありました」
> 「それぞれ，手を打っているのか」
> 「もちろんです．部長，品質関連ばかりではないのですよ．納期通りできることはまずないし，開発コストはいつも予算オーバーです」
> 「要するに，みんなやる気がないのか？」
> 「一所懸命やっているのですが．最近では，部内の雰囲気もよくないです．何か問題が起きると，まず他人を責めます」

これは，情報システムの開発・保守を行っている会社での話である．DRはソフトウェアという無形の製品を作るうえで，構想，設計，計画の完成度を上げるために重要であり，テストもまた，それなりに完成したプログラムが正しく動作するかどうか確認する重要な行為である．

前項③で述べたような危機感や問題意識を持っていたとしても，その問題を具体的に認識することはやさしいことではない．普通は，QCDSE（Q：品質，C：コスト，D：量・納期，S：安全，E：環境）などの，経営の各機能について，あるべき姿と現実とのギャップを分析して，「結局のところ，現在何に困っていて，将来何に困りそうなのか」という問いかけをすることによって，問題を組織的に認識する．ところが，問題のなかには，問題であると認識しにくいものがあり，このような簡単な問いかけでは見えてこないことがある．そのような認識しにくい問題には「複雑」，「未来」，「防衛」の３種類ある．本項④を含み次の⑤，⑥項でも考察する．

問題意識があったとしても，問題を認識しにくくする理由の一つが問題の複雑さである．組織，仕組み，情報網に関することなど，問題があったとしても，その現れ方が複雑で見えにくい場合である．複雑な問題の本質を見抜くた

めには，まず問題らしきものの現状把握をきちんとする必要がある．いつ，どこで，どのような望ましくないことが起きているのか，その事実を収集する．上記の例では，ソフトウェア開発の様々な段階でいろいろなことが起きている．部内のギクシャクした人間関係も示唆されている．各々の問題に個別に対応してもよいが，共通的な要因，根本的な原因の存在を感じるので，総合的に考察してみたほうがよいだろう．

　このようなときに持つべき視点は「問題の構造」である．問題そのものの発生の仕方が複雑なので，発生している多様な事象の間の関係や，起きていることの遠因や背景を突き止めることが必要である．何事にも構造があり，もちろん問題発生にも構造がある．現象は種々雑多だが，互いに因果関係があり，症状の出方もまちまちである．これらを総合的に理解するようにしないと，問題の本丸にたどり着けない．起きている事象の類似性に着目して問題のタイプ分けをするとか，問題事象間の因果関係を，事象と事象を矢印で結ぶなどして図に描き，それをじっと眺めて，何が諸悪の根源になっているか考察するとよい．

⑤　問題兆候見逃し症候群

> 「部長，昨日お客様のA社から，3年前に納めた顧客管理システムについて，変な動作をするので見てくれと言われて行ってきました」
> 「そうだったな．それで」
> 「何か変です．安定して動いていたのですが，ここにきて急に不安定になったというのです」
> 「そういえば，そのシステムを納めた別の顧客から，使い勝手が悪いので改造してくれとの要請があり，B君が行ってきたぞ．タダで操作性を直せといっているのだ．改造するならきちんと開発費をもらうつもりだ」
> 「A社で変なことを質問されました．わが社のシステムの次のバージョンアップはいつかというのです」

> 「いまのところ計画はない．開発テーマが山ほどあるからな」
> 「ええ，それで，ありませんと答えておきました」
> 「そうそう，B君が，競合のC社がいま盛んに売り込みをしているとも言っていた」
> 「部長，大丈夫です．C社は3年前に大失敗をして，信用は失墜したままですから」

　この件はその後大変なことになった．クレームとも苦情ともつかない客先からの呼び出しが散発した．それは，競合のC社が，このシステムのユーザがいわゆる素人であることに目をつけて巻き返しをはかっていたことに関係がある．理由の判然としない苦情・クレームは技術的問題というより，この会社の開発，営業のスタンスへの不満だったのである．そして逆転された．市場ニーズの変化への鋭い感覚を失い，かつて勝利を収めた製品を支えていた技術の寿命が尽きていたことに気づくのが遅かったのである．

　前項④で，問題のなかには問題であると認識しにくいものがあり，その一つが問題の複雑さであると述べたが，その第二は「未来」である．放置しておくと将来ゆゆしき問題となるような状況など，見えていても兆候しか現われていないために認識しにくい問題がある．

　これを打破するためには，常に「自分たちはいまどこにいて，将来どこへ行きたいのか」と自問することが必要である．周囲で起きている事象が自分にとってどのような意味を持つのかわからなければ，自分たちがいまどこにいるかわからない．広い視野，遠くまで見据える視力が必要である．自己の特徴を理解した上での明確なビジョンを持つべきである．

　組織的として見えにくい将来の課題を明確にするために，定期的に次のような組織的活動を行うための仕組みが必要である．

　1)　自分たちの周囲，すなわち，政治，経済，社会，国際，市場，顧客，技術，業界，競合の動向を分析し，この状況認識を共有する
　2)　自分たち自身の状況，すなわち，製品・サービスの品質・コスト・納

期のレベル，保有技術・人材・財務状況・保有設備類などの経営資源，企画・設計・生産技術・生産・購買・販売・サービスといった経営各機能のレベルを把握し，この状況認識を共有する

3) 1)で認識した状況に対応するために必要な能力と，2)で認識できた自分たちの実力のギャップを把握し，その重要度と本質的，根本的，体質的な原因を分析し，これを共有する

少し大きな会社では，経営企画室など，経営戦略の立案を担う部門が中心になって，毎年経営計画を練り直すが，その検討の基礎として上記1)～3)のような状況把握を行い，いま取り組むべき将来の課題・問題を明確にする．同様のことを小さな組織単位や個人でも行いたいものである．

⑥ 自己防衛・言い訳症候群

「あなたの会社の問題は何ですか」

「まず営業が弱いです．サービス体制も不十分です．開発用の機器が古くて性能が不十分です．外注の質も悪いです．検査もいい加減で不良の垂れ流しです．大きな声では言えませんが，役員にリーダーシップがありません．山ほどあります……」

「これはみなあなたの部門以外の問題ですね．あなたの部門の問題は何ですか」

「何もありません」

「それはおかしい．さきごろ開発した製品は思ったほど売れていませんよ」

「それは私たち設計・開発の責任ではありません．営業がダメだからです．それに工程不良も多く，市場クレームも少なくありません．だから売れないのです」

「その品質問題のほとんどは設計の問題と聞いています」

「まあそう言えないこともありませんが，なにせ人が足りないのです．

> CADは古いし，開発支援システムも貧弱でまともな開発環境とはいえません．試験設備がそろっていればあんな設計ミスは発見できたはずです．いや，そもそも商品企画がいい加減で要求仕様が不明確だったのです．私たちのせいではないし，私たちには問題ありません」

これでは問題は解決しない．制約のない仕事はない．各人が自己の役割を認識し，それぞれの責任を果たしたとき，全体としてはじめてまともな成果が得られる．弁解せず，他部門の非を責めず，自分の仕事の質を向上したいものである．

問題であると認識しにくいものとして，「複雑」と「未来」を挙げたが，次は「防衛」である．冷静に考えれば，自らの役割を認識して責任を果たすという点において，各人が仕事の質を上げなければならないという理屈はわかる．しかし，自分自身を冷静に分析し自分を変えていくことを無意識のうちに嫌い，問題として取り上げることを避けようとするために，問題が明るみに出ないことが多い．自分の問題は，問題として認識するのが難しいのである．人間のこの性癖は，古今東西，老若男女を問わず一般的である．他人の問題は論理的に批判できるのに，自分の問題だと信じられないくらいだらしなくなってしまうのが常である．

何が問題で，そのどこがどう問題なのかは，実は問題を起こしている当の本人たちが最も正しく把握できるはずと思える．多くの人に十分な問題分析力をつけていただきたいが，その前に無用・過度の自己防衛本能を働かせない方法を考えなければならない．次の2つを考慮することである程度は克服できる．

   1)　「危機感」と「ビジョン」により，高い問題意識を持つ集団に仕立て上げる
   2)　「問題がある」と申告してきたときに，すぐにはその責任を問わない

本当に危機的状況にあると認識できれば人は行動を起こす．厄介とは思っても「座して死を待つよりは」と，自分自身を変えなければならないとしても改革を始める．1)はそのためのインフラ整備である．

多くの組織では，問題提起をすると，その実情把握や分析の前に「誰がやった」と責任を追及する．下手に自分の問題を申告すると，自分や自部門の誰かが犠牲になる．実際はそうでなくても，その恐れで申告しなくなる．2)はこのような現象を回避するために，経営管理者層が持つべき行動様式である．初めてその問題を申告してきたら，問題を明るみに出したことに免じて過去は問わず，その人や部門が悪いのではなくて，やり方がまずいのだと達観することである．問題を起こしたことより，問題を明るみに出したことと，再発させないための分析と真摯な対応を評価することが大切である．

1.5　問題の発生状況の把握不足

⑦　事実確認不足症候群

> 「今月も不良原因のトップは，作業者注意不足なのか」
> 「はい部長．作業者には監督者を通じて十分に注意するように言っているのですが，一向に減りません．やる気の問題ではないかと思います」
> 「う～ん，ところでどんな作業について，注意不足が多いのか教えてくれ」
> 「いろいろです」
> 「いろいろじゃわからん．例えば，どの工程の作業ミスが多いのだ」
> 「簡単な工程が多いのですが，例えば部品Aのビス留め工程です．部品がなかったり，異部品がついていたり，部品の向きが逆だったりしています」
> 「異部品か．大きさも形も部品Aに似ていて，しかもそのビスで留めることができるんだな．まさかその部品箱が近いところにあるんじゃないだろうな」
> 「部長，よくわかりますね」
> 「部品Aは向きが違っても取り付けることができるのか」

> 「はい，形は対称ですから」
> 「う〜ん，ひどいな．まるで落とし穴だらけのところを歩かせるようなものではないか」

　似たような問題はどこでも起きていて，担当者の注意で防げると思われているのが普通である．経験不足だからミスをすると考えられている．確かに十分に注意すれば防げるが，常にそうできるわけではない．20分以上連続して緊張を最高レベルに維持し続けることはできない．経験不足と片づけていることでも，経験によってどのような知識，技能，ノウハウが身について，それによって業務の質と効率が上がるのか理解したうえで，問題の原因について語っているのだろうか．何となく，こうしたもっともらしい表現で自分を納得させて，真実を見極めることを怠っているのではないだろうか．

　問題解決にあたり，その問題に関する事実をよく調べずに，先入観で行動を起こす人は意外に多い．まず問題が起きている現場に行き，実態を知り，必要なら当事者に会うべきである．責めるためではない．何が起きていたのか，そのときの状況を正確に把握するためである．頭の中，机の上だけでは事実はつかめない．問題の実態をよく観察したい．複数の関係者から直接に状況を聴取したい．それによって意外なことがわかる．まさに「事実は小説よりも奇なり」を経験することもしばしばある．意識・無意識のうそ，憶測，解釈，意見の入った情報を鵜呑みにしていては，真実に迫ることはできない．

　自称専門家のなかには，不具合現象を聞いただけで技術的に興味深いメカニズムのもっともらしい説明をする方がいる．ただ，単に担当者が基本的な業務手順を守らなかっただけかもしれないのに．その専門家が想定している不具合現象ではないかもしれないのに．そんなとき私たちは，問題発生に至るメカニズムが技術的にそんなによくわかっているのにどうしてその不具合が起きるのかと確認することにしている．

　丹念に事実を拾い集めたい．断片的事実を積み重ね，ジグソー・パズルを解くように問題の真の姿を見つけたい．問題の発生の仕方のクセを知ることに努

めたい．そうすれば真実を垣間見ることができるだろう．その問題は，どんなときにどんな状況で発生し，どんな姿をしているのだろうか．それらは問題発生のどんなメカニズムを示唆しているのだろうか．

⑧　事実究明こだわり症候群

「部品Aのビス留め工程の不良解析について徹底的に調べたつもりですが，不明なことが多くて真実はわかりません」
「何がわからないのだ」
「不良には，無部品，異部品，逆向きなどがあり，それぞれの発生件数はわかるのですが，原因がよくわかりません．例えば，異部品です」
「それで」
「原因究明のために現場でヒアリングしました」
「何かわかったか」
「異部品の原因として考えられるのは，①部品箱に異部品混入，②違う部品箱から取る，③（効率のため）いくつかの部品を手元に置きこれが混在，④部品を取ったとき確認不足，⑤部品取り付け直後の確認不足などです」
「①～③は発生原因，④～⑤は見逃し原因で，少し性格が違うな」
「はい，複数項目に分類されてもよいと思っています．でも，例えば①～③は，このうちの一つか，それ以外の何かのはずです」
「そうだな」
「原因が①～③のどれであるかによって対応が違ってきます．①の責任は部品箱を準備する者，②～③は部品取り付け者の責任です」
「論理的な分析だな．責任という言い方が気になるが」
「でも，誰の責任か明らかにしないと，まともな対策が打てません．事実を究明しないと……」

事実を究明することは正しい．しかし，過去の事実について，今となってはわからないことも多々ある．そんなときにはどうすればよいのだろうか．事実と意見を区別せよとか，憶測や類推でものを言ってはいけないとか，この世は事実や真実の信者になれという教えに満ちている．

何のために事実を究明するのだろうか．事実，真実とは異なる認識に基づいて誤った教訓を得ることを避けたいからである．しかし，もし意見，憶測，類推が事実と異なっていても，意味のある教訓を導くものであれば，たとえそれが事実でなくてもよいのではないだろうか．上の例で，部品箱に異部品が混入していることも，正しくない部品箱から部品を取ってしまうことも十分にありうるなら，ある不良がそのどちらで起きているかを究明できなくても，双方に対して対策を打ってはいけないのだろうか．本当かどうかわからないけれども，類似のメカニズムで問題を起こすと想定される要因を明らかにできたことは立派な知見といえる．その知見によって，将来起きるかもしれない同種の問題を早期発見，あるいは予防できるのであるから．

問題分析は，犯罪捜査とは異なる．刑事訴追の目的は，懲らしめ（何をしたかに応じた罰）と教育（問題発生構造の理解，再発防止，予防）にある．懲らしめようとする気持ち，責任を取らせようとする気持ちがあるために，特にヒューマンエラーの原因について，究明してもあまり意味のない事実を明らかにしようと躍起になっていないだろうか．刑事訴追では，罰する根拠を得るためだけでなく，事件発生の問題構造を明らかにすることによって再発防止，予防に生かすためにも事実を究明する．私たちが行う不具合分析のほとんどは，誰かを罰するためではなく，その問題がどのようにして起こるかに関する知見を得て将来に生かすために行っている．事実を究明してはいけないと言っているのではない．事実を究明する目的を見失うことなく，ゆめ事実究明の狂信者・亡者にならないようにしたいものである．

⑨　まとめたがり屋症候群

> 「これらが今月の部内会議で重要案件となった事例の一覧です．この件は，信号のノイズレベルが想定と異なっていて解読部分のロジックを全面的に作り直しました．またこの件は，使用条件の把握不足でテスト条件にもなっておらず，客先での実運用試験で見つかり大問題になりました．またこっちの件は，流用ソフトウェアの内部構造がよくわかっていなくて使い方を誤ってしまったものです」
> 「ずいぶんといろいろあるな」
> 「ええ，いろいろあって，部長が檄を飛ばしている再発防止というのをやるにしても，どうやっていいものかよくわかりません」
> 「情けないことを言うな．すべて『設計検討不十分』という問題ではないか．もう一つ加えるなら『人材育成』だな」
> 「なるほど．すると，設計検討を十分にやると同時に人材育成を積極的にやれば，来月からはこんなトラブルは起こらないということですか」
> 「まあ，そうだな」
> 「ほんとかな．でも，どうやってやるんだろう（独り言）」

　この部長は，多様な問題を切れ味鋭く特徴づけできず，話を簡単にするために，適当に分類して大きな袋に入れている．これは人材育成の問題，これは開発プロセスの問題，これは顧客との関係に関する問題などと．まとめること自体は悪いことではない．個別断片的な事象の本質をとらえ，その類似性をもとにひとくくりにすることは，物事の本質を理解することにほかならない．類似性に基づいて分類するのは，類似の事象が同じような問題構造で起きているため，同じような対応をすることがほぼ正しいからである．

　しかし，これとは別の「まとめたがり屋」も世の中には多い．目の前にある案件すべてをカバーできる少数のラベルを探し当て，対象すべての落ち着き先を決めようとする．しかし，すべてがわかることなど不可能である．すべての

問題の原因が明らかになるとか，すべての問題に対策を打つことなどできない．重点志向でよい，すべてをカバーできていなくてもよい，と割り切って，有用な知見を少しでも得たいものである．

　異質なものを一緒にしてしまったら，何のために分類しているのかわからなくなる．構造の異なるものを一緒にしてはいけない．成り立ちが異なるのだから，解決方法が異なる．性質の違うものを一緒にしてしまうのは，極める心が足りないからであろう．問題の本質が見えず，真実を極めようという執着心が足りないと，まとめたがり屋になるのだろう．まずいことに，こうした分類ができたとき，当の本人は，これで問題が理解できたし，有効な対策を導けたと自ら納得してしまうことが多い．

　思考・行動様式を変えたい．視点は「問題の構造の理解」である．何事も考慮の対象の構造に着目したい．考慮の対象が問題であり，原因系であるなら，その構造，つまりは問題の構造，問題発生原因の構造を把握することに努めたい．すぐには難しくても，問題解決の経験を積むことによってコツを覚え，安易に適当な分類で納得してしまわない考え方と行動を身につけたい．

⑩　数値データ崇拝症候群

> 「品質保証部のAです．これがXプロジェクト全体の統合テスト以降で発見されたバグの集計結果です．分類は，発見工程，不良現象，不良原因，不良発生条件，モジュールなどでなされています．発見工程別件数で見ると，かなり後の工程で発見される不良が少なからずあり，もっと前段階で検出するよう一層の努力が必要と結論づけられます．不良現象で見ると，……，モジュール別で見るとこんな状況ですが，試みにモジュールサイズとの相関を取ってみますと，中には特異なモジュールもありますが，全般としては強い関係があり，……．」
>
> （ある開発者の独り言）「ちょっと待てよ，こんな分析で本当に開発プロセスの改善ができるのか……？　前工程を充実しなきゃいけないなんて昔

> からわかっている．でかいモジュールにバグが多いのも，ある意味では当然だ．むしろ特異なものを分析してほしいな……」

　近代的品質管理はSQC(Statistical Quality Control：統計的品質管理)から始まった．科学的な管理が志向され，管理の対象となる品質がばらつきを持つからである．科学的管理の名のもとに，事実に基づく論理的な思考・行動が尊重された．また，ばらつきに対処するために統計的方法が活用された．統計は，数値化したデータを扱う方法論である．こうした背景があって，あらゆる業種において科学的管理の旗頭のもと，何らかの意味で統計的な管理が実施されている．

　品質管理の分野には，SQCの全盛期から，「データを見たらウソと思え」という格言があった．事実に基づく管理，ばらつきを管理する方法論の根幹であるデータに対して警告を発しているのである．この格言は，人は数値化されたデータを見せられると，その背景にある実体に思い至ることなく信じ込まされてしまうという弱点があると指摘しているのである．

　ここで言うデータには2つの意味が込められている．第一は，事象の全体像の特性の表現という意味である．第二は，個々の事象の実態の数値化という意味である．

　統計的方法は集団の性質に関心がある．全体的特性を端的に把握する方法や，一部の情報からその背後の全体像を理解する方法を提供する．そうではあるが，管理においては，一つひとつのケースの深い分析こそが基本である．その意味で，外れた値，典型例について十分に調査・分析することが重要である．これは統計以前の工学，科学において持つべき基本的態度ともいえる．そして，一つのケースの特徴を巧みに計量化できたときに，統計的方法が有効となる．

　統計は数値データを対象とする．個々の数値の信頼性(信ぴょう性，計測誤差など)を確認しないと危ない．「データの一人歩き」に注意すべきである．データの由来を吟味しないでまとめることは危険である．個々の数値，統計的に

まとめた数値の背景にある真実を読むことが大切である．このためには，何よりもまず当該領域に固有の技術・知識がなければならない．

統計的方法は，ばらつきにカモフラージュされた対象の実体の理解，複数の特性値間の関係の理解のために有用である．活用するなら意味のある解析を行いたい．そのために必須のことは当該分野に固有の技術・知識である．意味のない適用，分析は，統計的方法に対する知識不足というより，製品・サービスに関わる技術・知識の不足に起因するところが大きい．

科学は観察に始まる．観察した結果が数値化されると統計的方法の対象となる．数値化した尺度には，名義尺度（名称の相違にのみ意味．男・女，A・Bなど），順序尺度（順序にのみ意味．酒の等級など），間隔尺度（差に物理的意味．摂氏温度など），比例尺度（比にも物理的意味．長さ，重さ，絶対温度など）の4つがある．これら尺度の性質をわきまえた適用が必須である．尺度としての成熟度としては比例尺度が上だが，対象の認識という点では名義尺度，換言すれば分類が数量化の基本である．

1.6 問題の発生原因の解明不足

⑪ 実施者犯人思い込み症候群

「部長，これが先月の組立不良発生状況です」
「相変わらず，作業ミスが多いなあ」
「複数の組立ラインがありますので，ライン別に集計して比べてみますと，似たような作業なのに，かなり大きな差があります」
「各ラインの監督者が悪いということだな」
「いや，そうとばかりとも言えません．作業者のレベルもいろいろですから」
「作業者別にも集計されているのか」
「ええ，ほぼわかります．担当が一人とは限らないのですが，各ライン

> のどの工程で発生しているかはわかりますので」
> 「一人とは限らないが，少数だし，腕前から誰が問題かはわかるな．工程別の集計を見せてくれないか」
> 「これです」
> 「ずいぶん差があるなあ．これを掲示板に貼ったらどうだ．不良の原因は作業者なんだから．とりあえずは，このワーストスリーを呼んで注意したらどうだ」

これに似た対応は，多くの組織で行われている．製造に限らず事務や営業などでも，ミスや成績を担当別に集計し，思わしくない人が問題だと暗に糾弾している．特にヒューマンエラー，スキル，ノウハウなどに関して仕事の質や効率が低いのは，その人のせいであるとして責められている．

ミス件数の担当別集計表が掲示され，「君たちはワーストスリーだ」と言われて，どうすればよいのだろう．ダメな自分をみんなが知るところになって，前向きに頑張れる人がどのくらいいるだろうか．自分のどこがどのように悪いか，ほとんど何もわからない状況では，反発するか，意欲を失うか，二つにひとつではないだろうか．悪意があるとか，意図的にルールを破るとか承知のうえでやっていて，その結果を責められているのなら，効果はあるだろうが，そのようなケースは稀である．

ワーストスリーの人々が問題を起こしてしまうには深遠なるわけがある．実力（知識，腕前など）に比べて難しすぎる仕事なのかもしれない．その作業に関わる基礎的な技術・知識，技能，コツなどの教育・訓練が不足していたのかもしれない．作業の目的，手順，注意事項などの指示が不明確だったかもしれない．その作業に関わる重要事項が組織の形式知として整理され，みんなが利用できるようにはなっていないせいかもしれない．その人が原因で問題が起きるのではなく，その人の「やり方」が原因で問題が起きるのである．

満足な成果は，健全なプロセス，システムから生まれることを忘れてはいけない．結果に一喜一憂し，不満足な結果に当たり散らしても，レベルアップは

期待できない．結果そのものを責めるのではなく，結果を生む過程や状況に注目したい．「誰がやった？」と言う前に「どんな風にやったのか？」と聞くべきである．

　関連して，「問題がある」と申告してきたときに，すぐにその責任を問うことから始めないほうがよい．「問題を憎んで，人を憎まず」である．実態把握や分析の前に「誰がやった」と責任を追及する組織では，問題を申告して来なくなる．誰かを生け贄にしないと決着しないからである．現実にはそんなことはなくても，そうなるだろうと恐れて，「私(たち)がやりました」などと自分で自分の首を締めるようなことはしない．

⑫　仮説検証不足症候群

> 「次の問題は，メカトロ製品 A の設計ミスの件だ．この論理ミスの原因は何だ．考えられるものを挙げてみてくれ」
> 「構想設計ミス，詳細設計ミス，それから構想設計 DR (デザインレビュー)での漏れ，詳細設計レビューでの漏れ，コードレビュー，単体テスト，統合テスト，システムテスト，……」
> 「それはミスを起こした段階だ．私が聞いているのはミスの原因についてなんだが」
> 「え～と，時間不足，DR チェックリスト不備，ドキュメント不備，テスト設計未熟，経験不足，え～と，それから」
> 「で，どれが主要因だ」
> 「どれも関係していると思いますが，時間不足が一番の問題です」
> 「なぜ，そう言えるのだ」
> 「だって，みな忙しそうです」
> 「確かに忙しいのだろう．だが，なぜそれが制御設計における論理ミスの原因になるんだ．ヒマなら論理ミスをしないのか？」

問題の原因の候補をいくつか挙げて，そのうちの特定の少数が主要な原因であると言い切ってしまう人がいる．「自分がそう考えている」ということと，「現実にそうである」ということは区別したほうがよい．「現実にそうだ」というためには，論理的に他にはありえないか，実証する必要がある．不具合の原因が，自分が想定したものであることを，事実の調査とその分析によって確かめなければならない．問題の原因，理由，経緯，背景について，推測に満ちた意見交換をした上で，合意して主要因を特定するというような方法はやめたい．

　仮説と事実，推測と事実，意見と事実，これらは明確に区別しなければならない．いつでもどこでも完全に解明できるとは限らないが，解明のためにできることを放棄してはいけない．原因追及において，頭の中でだけ組み立てた因果メカニズムの罠に捕らわれないようにするためには，事実と仮説，推測，意見は異なるものだという原則を自分に言い聞かせること，そして，仮説，推測，意見が正しいかどうか，事実に基づく論理的思考によって検証することが必要である．

　これが原因の一つではないかという仮説をどう検証すればよいだろうか．まずは，自分が組み立てた問題発生メカニズムに関する仮説そのものを厳密に吟味する．事実に反することはないか，自然科学，社会科学の法則に反するものはないか，論理の飛躍はないか，などである．次に，現実に起きている問題の現象の特徴を説明しうる仮説かどうか綿密に吟味する．この仮説で，ここで起きてあそこで起きないことを説明できるか，これが原因だとすればこんなことがあってもよいはずだし，こんなことは起きないはずだが現実はどうだろうか，などである．こうしていくつかの仮説・推測・意見は，周到な考察によって候補から落とされていく．

　そして，残った仮説のうちどれが真実であるかを確認するために何を調べればよいか，これが次への計画となる．問題解決における現状把握は，問題発生メカニズムに関わる仮説の検証としても重要である．問題の実態を把握するために，最初は淡々と事実を集め，問題の様相が見えてくると，仮説を頭に描

き，その正しさを確認するための調査，検証をする．

⑬　因縁無理解症候群

> 「納期遅れの原因は何だ」
> 「客先の仕様変更です」
> 「仕様変更を受けるときに，納期を延ばすことの了解を取らなかったのか」
> 「何とか間に合うと思ったのですが，予想外に大きな変更になったものですから」
> 「客先からの仕様変更なんてものは，この事業部の設立時から日常茶飯のことだ．変更の手順は決まっているのか？」
> 「大昔に決めたのですが，何せお客様のご希望ですからルール通りに行かなくて．何とはなしに，ケースバイケースで対応するようになってしまいました」
> 「だが，開発グループを混乱させている大きな問題であることは間違いない．何か策はないか」
> 「根本原因は，要するに客先の変更提案ですから，ある時期以降は変更に応じないというしかないと思います」
> 「この石頭めが……」

なぜ「石頭」と言ったのだろう．変更要求が生まれる複雑なメカニズムを理解して柔軟に対応せよという意味だろう．客先が変更したいと考える原因にはいろいろある．自分で要求したことの本質的な意味を理解していなかったせいかもしれない．世の中の変化を見て新たな要求を抱くようになったのかもしれない．開発中のシステムの具体的な形が見えてきて新たな要望を抱いたのかもしれない．開発側の要求分析が稚拙で，客先の潜在ニーズを顕在化できていなかったせいかもしれない．

変更要請をした客先との交渉にも様々な工夫がありうる．どれほど大がかりな変更になるか説明したのだろうか．付随して起こる性能低下の可能性を指摘したのだろうか．ほとんど使わない付加価値の低い機能追加であると説得したのだろうか．変更に要する工数を正確に見積もり，契約高，納期に反映させる努力をしたのだろうか．客先からの変更提案が日常的に起きるなかで，予想しうる変更を事前に列挙できていたのだろうか．ある範囲の変更に柔軟に対応できる製品構造にしていたのだろうか．

　ことが起きたら，何に対してどんな手を打つか柔軟に考えなければならない．根本原因に対して策を講ずることがベストとは限らないし，それができないこともある．夏暑く冬寒い根本原因は地球の自転軸が傾いているからだが，地軸を真っ直ぐにしようとは思わないだろう．暑くても寒くても快適に過ごせる環境を作ろうとするだろう．

　問題の原因には，内部要因（自らの管理権限内にあって自ら制御可能なもの，問題について言えば自責の問題）と，外部要因（自らの管理権限外の要因，環境，他責の問題）がありうる．仏教における「因縁」の概念に相当する．「因」とは直接の内的要因であり，「縁」とは間接の外的要因である．仏教では一切の生滅はこの二力によると説く．このような現象のあり方を「因果」とか「縁起」とかいう．どの「因」や「縁」に対して，どのような対策を打つべきか，柔軟に考えたい．

　問題解決において，「因」に対して策を講ずる方向に向かうのが「自責」から手をつけようという考え方である．潔く思えるが，あまり堅く考えないほうがよい．自責というと「自分の非を正す」という意味合いが強くなって面白くないだけでなく，自責への対応だけで満足な結果が得られることは意外に少ない．他責の問題をどう解決してもらうか，他責の問題に自分がどう対応すべきかにも視野を広げるべきである．

⑭ 要因分類症候群

> 「この洗浄工程は，設備・機器類を一新し，洗浄液，洗浄漕，超音波発生器などの管理方法などを厳密に決めて運用してきて半年経つが，期待したほどの効果は上がっていない．何とかならないだろうか」
> 「『洗浄不良』についての特性要因図を書いてみましょう」
> 「そうだな．大骨は何だ」
> 「4M(Man, Machine, Material, Method) ＋ 1E(Environment)が普通ですから，人，機械，材料，方法，環境と，もう一つの M の Measurement, 計測を加えて，こんなところですかね」
> 「よし，『人』の中骨は何だ」
> 「年齢，性別，経験年数，研修歴，技術力，職位，……」
> 「機械はどうだ」
> 「洗浄漕，ケース，超音波発生器，搬送機，……」
> 「山ほどありますねぇ」
> 「洗浄漕を展開してみよう」
> 「タイプ，大きさ，それから，えーっと……」

　この原因分析が不毛に終わるのは目に見えている．特性要因図の本質は，特性(結果)を引き起こす原因系(要因)を，木構造(木のように枝分かれしている構造)で表現することにある．原因分析で表現したいものは原因の構造であって，特性(結果)に関わる特徴，性質，原因，理由などの分類や整理ではない．要因の全体像を特性要因図や系統図で整理することはある．しかしいま実施したいのは，問題発生のメカニズム，原因の構造の表現である．ものの本によると「原因はなるべく多く挙げよう．原因系が数多く挙がってゴジラの骨(残念ながら，私たちは見たことがない)のようになっていることが望ましい」などと書いてある．こうした間違ったアドバイスに従って，明らかにしなければならない因果構造とは関係のない事象が多数記述されることが多い．

洗浄工程の機能は汚れの除去であるから，洗浄不良が問題なら，まずはどんな汚れが落ちないか，その種類やタイプ（型）にどんなものがあるか調べるべきだろう．この工程の設計で標的にしていない汚れは落ちにくいに違いない．目論んでいる洗浄メカニズムの一部が機能しないという視点で不良原因を考察するのがよいだろう．すなわち，除去すべき汚れがあるメカニズムで付着しているとして，それをある物理・化学メカニズムで剥離し，洗浄液で確保して洗浄対象から分離し，然るべき方法で汚れだけを捕捉するという一連のメカニズムが意図通りに機能しないから不良になると考えるのである．

　調査によってわかっていることに依存するが，私たちなら，特性要因図の大骨は，「汚れ落ちず」と「汚れ再付着」にするだろう．「汚れ落ちず」は，さらに「標的物質以外の汚れ」，「想定以上の汚れ」と展開する．「汚れ再付着」は，「洗浄液流れ異常」，「洗浄液からの汚れ成分分離不良」などと問題を分解していくことだろう．

　特性が最終的な結果であるとき，その結果を生むに至るプロセスを大骨にすることがある．結果に至る経緯のどこに問題の原因があるかを探るのは合理的である．しかし惜しいことに，このあと，問題とは関係のない，各プロセスを構成する要素，条件の列挙，しかも日常的に気にしている要素・条件を列挙し始めることもある．注意深く管理しているので原因である可能性は高くないにもかかわらずである．

　原因追及に特性要因図を用いるときは，結果を引き起こすに至る因果構造の解明にこだわるべきである．その結果として私たちが手にできるものは，不具合発生に至る仮想メカニズムである．これを現に起きている事実に照らして精査し，可能性のない要因系は当面考えないことにする．ゴジラの骨のような複雑な図をめざす必要はない．周到な観察によって現象に関する事実関係を把握できていれば，ただ一つの因果連鎖からなる発生メカニズムに行き着くことだってありうる．

⑮　なぜなぜ5回こだわり症候群

> 「これは，君がやった設計だね．ここのミスはなぜ起こした？」
> 「うっかりしていまして」
> 「なぜうっかりしていたのだ？」
> 「緊張が足りなかったせいです」
> 「緊張が足りなかったのはなぜだ？」
> 「漠然と仕事をしていました」
> 「なぜ漠然と仕事をしていたんだ？」
> 「重要な仕事と思わなかったからです」
> 「なぜ重要と思わなかったのだ？」
> 「業務知識が不足していまして」
> 「なぜだ．もう5年も経験しているのだろう」
> 「頭が悪いんです，きっと．でも，またなぜと聞くんですよね．生まれつきです」

　問題の原因は深く解析しなければならない．問題発生には容易ならざる原因がありうるからである．その原因を突き止めるためには「なぜなぜを5回以上繰り返さなければならない」といわれる．しかし，私たちはこの教えには素直には賛成できない．形式的に行うととんでもない方向に行ってしまうことが多いからである．皮相的な意味での「なぜなぜ問答」をしたところで問題は解決しない．現実的な対応策には行き着けない．

　例には事欠かない．○○ミス→うっかり→緊張不足→真面目にやる．○○ミス→業務知識不足→経験不足→経験を積ませる．○○ミス→技術力不足→知識不足→教育．○○ミス→考慮不足→危ないと思わなかった→注意不足→ぼっとしていた→寝不足→睡眠時間確保．このような分析がまったくの不正解とは思わないが，いかにも的外れであることはおわかりいただけるだろう．

　私たちは，皮相的な「なぜなぜ問答」方式の原因追及よりも，問題を起こ

している「状況」の把握を重視すべきと考えている．例に挙げたような状況で，「うっかり」ときたら，私たちは，「よくわからないから，とにかく原因らしきものを並べてひとまず安心したいだけだ」と理解することにしている．そして，この人がミスをしたというその設計中に，何を設計しなければならないのかわかっていたかどうかを確認する．そして本当に，うっかりして重要なことを考慮できなかったというのなら，考慮すべき事項が何であると考えていたか，どのような観点からそれを考慮すべき事項と考えていたかを聞き出す．もし，ある特定の技術分野に関わる知識が不足していると思われたら，どのような側面の知識について弱いのか，それらの知識を総動員できる開発インフラ，開発プロセスがあったのかどうか確認する．

　問題解決において，即座に原因について考えることの弊害は思いのほか大きいのではないだろうか．モノに関する不具合現象は，この宇宙を支配する物理・化学法則に従って生じる．人間社会で起きる様々な問題も，この人間社会を支配している法則に従って起きる．まずはそのメカニズムを明らかにすべきである．問題発生のメカニズムを明らかにする基本は観察であり，調査であり，現状把握である．「なぜ？」の前に「どうなっているのか？」に関心を寄せるべきである．関連事象を広く深く調べるべきである．なぜなぜと責めるより，なぜと形式的に追及するより，なぜと短兵急に理由を探るより，どういう状況かを調べるほうが，結果的に早く的確な原因・理由にたどり着く賢い方法であると思う．

1.7　対策の不備

⑯　**対策先行症候群**

「この件はなぜ起きた？」
「モジュール設計のミスです」
「きちんと DR（デザインレビュー）をしろ」

> 「DR をやりましたが,そこでも見逃しています」
> 「何だと.きっと時間不足だ.時間をかけてやれ」
> 「一応時間はかけましたが……」
> 「じゃあ,DR チェックリストの項目を増やせ」
> 「もう 200 ページくらいになって,とてもチェックできません」
> 「う〜ん.じゃあ,自動化しかないな」

　問題が起こるとすぐに「こうすればよい」と手を打ち,うまく行かなければ他の手を打つということを繰り返して,自分が打った手の効果に一喜一憂し,たまたまその問題が収まればそれでおしまい,という人は意外に多い.結果は原因があって起きるのだから,因果の鎖を断ち切るか,問題が起きても大事に至らないプロセス,仕掛けを作らなければ,問題は基本的には解決しない.問題となる素因が起き,それが拡大し,見逃され,ついには本当に問題になってしまう.複雑にからみあった因果連鎖を解明して,どこをどう断ち切り,あるいはどう誘導するのが得策か考察し,現実的な対策を打たなければ,本当の効果は期待できない.問題発生のメカニズムを事実に基づいて解明し,その問題の本質を理解した上で,現実に採用可能な効果的な対策を打ちたいものである.

　問題が一応明らかになると,やみくもに走り出す人がいる.解決に至る道筋,シナリオ,ステップを,あらかじめよく考えたほうがよい.問題の実態を正確に把握し,問題の本質を理解するためには,どこに行き,何を調べればよいのだろうか.問題の解決への過程には,どのような困難が起こりそうなのだろうか.その困難を克服するにはどんな手段がありうるのだろうか.古来より「仕事は段取りが九分」という.何事もコトを始める前によく考えたい.

　その問題に直面するのが世界中で自分が初めてということはそう多くない.先人のやったことを調べて損はない.周辺には,かつて同様の問題を解決した人がいるに違いない.その種の問題に関する報告がどこかに公表されているかもしれない.その問題の解決方法には複数あって,それぞれの利害得失につい

て既に報告されているかもしれない．その問題の本質を正確に理解し，因果構造に関する有益な知見を得るためにも，少し調べてみたい．

そうだからといって，私たちは，事実の調査に基づく詳細な原因分析を経ない対策の立案を，むやみに批判はしない．ちょっと調べてみて，これが原因だとわかってしまう問題について，現状を詳細に調べ，因果関係を証明しなければ対策をしてはいけないとは思わない．問題→対策と短絡的に反応する思考形態を改めたいと思うだけである．問題がどのような状況で起きたかある程度わかった段階で，それはたぶんこのような類の問題で（問題の構造），たぶんこのような理由・原因で起きているのだろう（因果関係），だったら因果の鎖のうちここを断ち切り，こう軟着陸させるために，このような対策がよいのではないかなどと考えて対策を打ちたい．これを2回繰り返してうまく行かなかったら，本気で足を使った現状把握，原因分析を行うことにすればよい．対策は，問題発生メカニズムの仮説を思い描いた上で打ちたいものである．

⑰　解答100選当てはめ症候群

> 「わが病院も質や安全に組織的に取り組まなければならないなあ」
> 「はい，その通りだと思います」
> 「ISO 9000とかいうのがあるそうじゃないか」
> 「はい，まじめに取り組めば管理の仕組みの基盤を構築できますが，かなり大変そうです．一般的モデルを医療に適用できるように工夫しなければなりません」
> 「じゃあ，医療機能評価はどうだ」
> 「評価モデルはどんどん進化していて，いまでは"structure"ばかりでなく，"process"やシステムの整備・構築を促すようになっていますから，よいかもしれません」
> 「産業界で成功したTQMという品質管理の方法を導入しているところもあるな」

> 「ええ，TQMといってもいろいろでQCサークルという小集団の改善活動をやったり，方針管理を導入したりとか様々です」
> 「うちでもやってみるか」
> 「そんなに簡単に言わないでください．いろいろ準備が必要です」
> 「方針管理といえば，BSC(Balanced Score Card：バランストスコアカード)も流行っているようだな．シックスシグマとかいうのも効果があると聞いたぞ．やってみるか．それに，品質・安全管理室を設け，リスクマネジャを任命し，RCA(根本原因分析)を取り入れるか」
> 「院長，そんなにいろいろ……，本気ですか？」

　この方法は，問題があると，直接その問題の解答を求めて解答100選から巧みに該当する例題を探してきて，解答例に従って解決するというやり方である．解答100選には事欠かない．どこかにある規定集，基準類，ガイドライン，手元にある事典類，ハンドブック類，調査好きならWebから探してくるし，本好きなら乱読して得た知識がある．このタイプは，講演会，シンポジウム，セミナなどでの他社事例も整理して取っておくのが好きである．特に帳票類の例が載っているのが，すぐに使えるので大好きである．

　記憶力はよいし，理解も早い方である．残念ながら不足しているのが，物事の理(ことわり)を見極めようとする思考態度である．他組織の事例を見るとき，なぜ成功したか，その組織に特有の事情のうちその方法の成否に関わる点は何か，わが組織に適用した場合に効果が出るのか，そもそもそのアプローチの本質は何か，といったことには関心がない．管理ツールにしても，どうやるかという手順は気になるが，そのツールが組織のマネジメントのどんな難しさを和らげるもので，なぜそれが可能なのかには関心が向かない．仕事をするにあたって，少数の原則に従うモデルというものを持っていないのである．

　このタイプは，暗記型人間といってもよいのかもしれない．断片的知識の集積としての構造の明確でないチェックリストが大好きな人間とでもいうのだろうか，本質を理解するという意味での「抽象化能力」に難がある．私(飯塚)は

長いこと，同じ講演に対して「本質をズバリ指摘し例も豊富でわかりやすい」というのと「学者特有の抽象論で例も少なくわからない」という全く異なる批評があることに悩み続けたが，最近ようやく人間の理解の仕方にはいくつかの型があることに気がついた．分数の概念を理解するのに，ケーキ1/3はよいが，牛の1/3といわれると血が出て死んでしまうことが心配で思考が停止してしまう子がいるという話を小学校の先生から聞いて，例示に気を使うようになった．

本書でも，「問題や問題発生構造の類型を認識しよう」，「本質を見極めよう」，「モデル（仮説）を持とう」と訴えようとしているが，その思いがなかなか伝わらないかもしれないと覚悟はしている．答えそのものよりも，答えに至る道筋を会得することが重要と思う．これがなければ多様な問題に対処する応用力は向上しない．

長々と「反面教師」を続けてきた．問題解決とは，考えようによってはマネジメントの相当広い範囲をカバーするので，その様々な側面に光りをあてれば，反面教師や教訓はいくらでも出てくるだろう．キリがないのでこの辺にして，次章において，原因分析の基本技術，特に業務システムの不備が原因で起きる問題の分析方法について考察してみたい．

［参考文献］
1) 飯塚悦功(2009)：『現代品質管理総論』，朝倉書店.
2) 飯塚・水流研究室 Web サイト　http://www.tqm.t.u-tokyo.ac.jp/

第2章

原因分析の基本技術

第1章における，問題解決に対する基本的スタンス，さらに「反面教師」に引き続き，本章において，原因分析の基本技術について考察する．問題解決は，状況把握，原因構造解明，対応検討の3つのフェーズから成り立つ．まずは，それぞれのフェーズの定石について，その基本的な方法を概説する．

本書では，問題解決，原因分析のうち，仕事の仕組み，すなわち業務システムに潜む問題の分析に焦点をあてる．システムの問題点，起きた問題のシステム要因を的確に指摘することは難しい．そこで，まず，業務システムのどのような側面に問題が起こりうるのか，その見方・考え方を考察する．システムとは何か，システムに問題があるとは何に問題があることを意味しているのか．これらについて，いくつかの視点を与える．

深い原因分析の推奨の象徴として，根本原因分析(RCA)の重要性が強調される．ところが，RCAに対する誤解，過剰な期待から，RCAの適用が，必ずしも適切な原因分析への誘導になっていない．あらためて，RCAとは何か，RCAにまつわる誤解を通して，本書が推奨する原因分析こそが，本来のRCAにほかならないことを示唆する．

原因分析の手順を示すことは難しい．それは，問題が多様であり，原因構造もまた多様だからである．それでも，起きた問題に対する，ある種の推奨できる"攻め方"というものはある．私たちが，どのような"手順"で問題解決，原因分析に取り組んでいるかを紹介する．

本章の最後に，原因分析の要素技術としての，「観察」，「比較」，「質問」について，解説を試みる．それぞれに興味深いし，語れば実に多様な事柄にまで言及できる．しかし紙数も限られるので，ごく基本的なことだけを簡単に解説することにする．

2.1 問題解決の定石

本書で取り組む問題解決は，その問題現象の不適切な状況を解消するとともに，その問題を通して教訓を得て仕事のレベルを上げることも目的にしてい

る．そのため，原因分析においては深さを追及する．真因も，遠因も，環境も，引き金も，もちろん直接原因も明らかにする．これらの事象間の関係も明らかにする．問題の真因は技術，管理・経営，文化・風土・価値観など様々な面に潜んでおり，また複雑に絡み合っている．技術の問題に見えて，実は管理や組織風土に真因がある場合もありうる．起きた問題に対して，単に，火消しをする，責任追及する，原因らしきものを分類・整理するなどでお茶を濁すのではなく，問題を起こし，ボヤのうちに消し止めることができずに延焼拡大していく，その構造を明らかにし，適切に対応するための方法論を考察する．

問題の構造を知り，適切に対応するためには，基本的に，①状況把握，②原因構造解明，③対応検討の3つの活動が必要である．

① **状況把握**：「どうなっているのか？」
  - 事実の把握：事実を把握するために観察をする．これには，目で見る観察も，科学的な測定・分析も含まれる．人が何を考え，どういうつもりで何をしたか（人の思考プロセス）については，上手な質問によって「なぜ」ではなく何があったかを知る．
  - 実態の把握・特徴の抽出：比較（何が違い，何が同じか），変化（いつから何が変わったか）などの視点で，把握した事実の特徴を把握する．

② **原因構造解明**：「どうしてそうなるのか？」
  - 生起・因果：状況把握の結果をもとにして，問題が発生する原因・理由の論理的な連鎖を検討する．まず，事実に基づく論理的思考により問題発生の想定メカニズム（仮説）を考え，次に，いつ起きていつ起きないか，論理矛盾はないか，見落としはないかなどを検討（検証）する．
  - 問題発生メカニズムの全体像：問題発生に至る推移，ステップの連鎖（プロセス，経緯）を明らかにする．あるいは，問題領域にどのような要素があるか，それがどう絡み合っているかを明らかにする．

③ **対応検討**：「どう対応すればよいのか？」
  - 因果連鎖の切断・誘導：問題発生メカニズムの全貌を考察し，因果連鎖のどこを断ち切るのがよいか，あるいはどのような連鎖に誘導し軟着陸

させるのがよいか検討する．
- 効果・影響評価：対応策の効果，影響（ねらった効果，副次効果，副作用など），必要なコスト，投資を検討し，実現可能で合理的な対応をする．

2.2 業務システムの脆弱性

(1) 業務システムの問題分析

われわれは，日常業務に忙しく立ち回るなか，様々な問題に遭遇する．危うく大事故になりかねない背筋の寒くなるようなインシデント，やり直し，手戻りの発生で効率が低下し焦燥感や疲労感を感じる毎日，みんなマジメにやっているのになぜかギクシャクする内部コミュニケーションなど，様々な問題の原因を巧みに分析するコツを知りたいものである．問題にはいろいろなタイプがあるが，本書では，主に，問題の原因が業務システム，すなわち仕事の仕組みにあるような問題，あるいは業務システムに手を打つことによって改善が期待できるような問題を対象とし，その原因をどのように分析するか，その方法について考察する．

業務システムの問題分析にあたり，理解しておくべき基本的考え方がある．それは「仕事のミスや問題は結果である」ということである．失敗したこと自体を叱りとばしても，事態は好転せず，結果の悪さを責めても将来につながるよい影響は生まれない．原因に対して手を打つべきである．

実は，この表現は正確ではない．叱りとばし罰を与えることによって良くなる世界もある．それは抑止効果が効く場合である．あんなことをすると叱られるし罰せられるから，悪いこと，下手なことはしないようにしようとみんなが考えてそう努力することによる効果である．これが成立するためには，叱られ罰せられるようなことにならないために，どうしたらよいかわかっていなければならない．刑事訴追・罰則による犯罪の抑止効果がその良い例である．

しかし，業務の失敗は違う．多くの場合，悪意があって故意に起こしている

わけでなく，上手くやろうとしていてなぜかミスをして問題を起こすのである．だから，叱っても罰しても事態は好転しない．問題分析のためには，「結果は原因から生まれる」，すなわち「業務のミス・問題の原因は，業務システムの不備，脆さ，弱さにある」という原則がわかっていなければならない．

そして，「改善のためには，原因に対して手を打つべきである」という原則に従うべきである．起きてしまった問題に対しては，応急処置，影響拡大防止が重要である．違う薬を投与してしまったら必要に応じて緊急対応，ときには救命処置が必要である．火事が起きたらボヤのうちに消し，迅速に延焼防止処置を取るべきである．しかし，業務の改善，レベルアップを考えるのなら，将来経験するかもしれない類似の問題の再発防止，あるいは未然防止も考えるべきで，そのためには業務システムに潜んでいる問題の原因を分析する技術を会得していることが必要である．

分析を上手に行うためには，問題の原因が潜んでいるという業務システムとはどのようなものであるかについての理解が必要である．まず，業務システムにはどのような構成要素があるのだろうか．業務システムに問題があるとき，業務システムを構成するどの要素に問題があるのかと分解，展開して考えたくなる．そのためには，どのような構成要素があるかわかっている必要がある．

次に，業務システムを運営する際の基本にはどのようなものがあるのだろうか．業務システムの構成要素をうまく運営して業務目的を達成するためには，その運営の定石がわかっていて，そのどこに問題があるのかというとらえ方が必要である．

さらに，業務システムの質や効率を左右する側面にはどのようなものがあるのだろうか．良い仕事をするためには，良い構成要素を上手に運営しなければならない．これらのどこに問題が潜んでいるかを見抜くための見方があるはずで，問題分析にあたっては，それを知っているべきである．

（2） 業務システムの見方・とらえ方

問題が潜んでいるという業務システムについて，どこにどのような問題があ

るかを的確に分析するためには，分析対象である業務システムに対する適切なものの見方・とらえ方が必要である．これがないと，何かことが起きて RCA（根本原因分析）をするにしても，ただ無意味に深く突き止めるばかりで，ことの本質には迫れない．起きている問題の様相を理解し，適切に対応するためには，問題を上手に切り分ける視点が必要である．以下に，業務システムの問題のありかを考察するときのものの見方をいくつか挙げてみる．

　第一は，「システムの理解」である．私たちが「システム」という用語を使うとき，それは検討・考察の対象にしている系が少なからぬ構成要素から成り立っていて，系全体として何らかの目的あるいは機能を考えることが相応しいときである．業務システムについていえば，その目的・機能は何か，その目的を達成するために必要な要素（プロセス）は何か，それらのプロセスがどのように連結されてシステムの目的を達成しているのか，各要素プロセスはどのような構成要素から成立していてどのように機能を発揮しているのか，などについて明らかにしておくことが必要である．問題が起きて，システムの全体設計，要素プロセスの設計に問題があるとき，その問題のありかのあたりをつけるために，システムの全体像を理解しておく必要がある．

　第二は，「業務システムの運営の基本」という観点である．例えば，管理を効果的，効率的に行うために PDCA サイクルを回すという原則があるが，問題が起きたときに，その PDCA の各ステップで実施すべき事項のどこに問題があったのかという切り分けである．業務の質について考えるとき，計画の質，実施の質という見方をすることがある．目的を達成するための手段としての計画は目的達成に合理的なものだったのか，それとも計画は良かったが実施において計画通りできなかったのかという切り分けである．これは問題が P（Plan：計画）にあるのか D（Do：実施）にあるのかを分けているが，もっと詳細に，PDCA のどのような面に不備があったのかという見方である．あるいは，これと類似しているが，問題が問題となってしまう経緯を考えてみると，問題の火種が発生し，それが見逃され，小さなうちに適切に処理されずに拡大していって，ついには無視できない問題になるわけで，発生原因，見逃し原

因，拡大原因という視点で原因を考えるという見方も有用である．

第三は，「業務の質・効率を左右する側面」にはどのようなものがあるかという視点からの考察である．質の良い仕事をするために，まずは技術が必要で，次にその技術を生かす方法論としてのマネジメントが必要である．さらに意欲，意識，技能の面で優れた人が必要である．問題の原因を，それが技術の不足にあるのか，マネジメントの不備にあるのか，人の能力不足なのか，はたまたそれらのプラットホームとしての組織風土・文化に遠因，背景要因，誘因があるのかという切り口も，問題発生構造の多面的な考察，現実的な対応策を考察する際には有用である．

次項以降で，こうした見方で，問題のありかを探る方法について考察する．

(3) システムの理解

業務システムの問題のありかを見る目の第一として，考察の対象となっている業務システムがどのような要素から構成され，それらの要素が互いにどのような関係を持って，システムの目的を達成しているのかを理解することが必要である．

業務システムを構成する要素をどうモデル化するか，いろいろ考えられるが，一つの方法は QMS（Quality Management System：品質マネジメントシステム）のモデルにならうことであろう．すなわち，QMS は全体として，「フレームワーク」の枠組みのもとで，「リソース」を基盤とし，また「リソース」からの支援，インプットを受けて，「プロセス」によって価値の変換を行って，「顧客」に「価値」を与える，と考えることである．価値の変換というと難しく聞こえるが，部品・材料を加工・組立して製品を作るとか，データ・情報を整理・分析して報告書を作るなどのことであり，モノ，情報，状態に操作を加え，所望のモノ，情報，状態を得るということである．あらゆる業務は，このような変換の連鎖で，所望のアウトプットを得ていると考えることができる．これを**図 2.1** に示す．

このモデルは，何か問題が起きたとき，正しい「顧客」に対して正しい「価

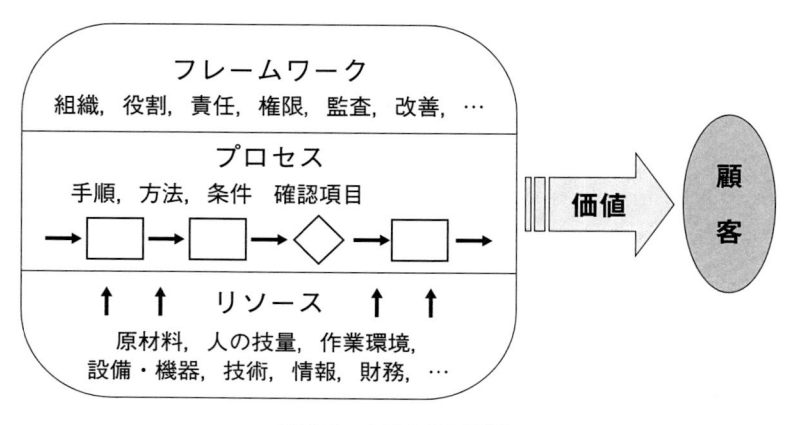

図 2.1　QMS のモデル

値」を提供したか,「フレームワーク」,「プロセス」,「リソース」は,期待した通りの機能を発揮したか,システムのどの要素にどのような不備があったのかと問題のありかを切り分ける,あるいは問題のありかが QMS のどのような側面に関連するかについて検討する際の視点を与えることになる.

　これは,プロセス管理の考え方,すなわち管理において,結果を生み出すプロセスで質を作り込むという行動原理に基づく問題の受けとめ方にほかならない.結果として問題を起こしたというのであるから,要因系のどこかに問題があったからだと考え,結果を生み出す直接のプロセス,そのプロセスを支えプロセスで使われるリソース,それらを運用するフレームワークのどこに問題があるのかを検討しようという考え方である.

　しかし,問題の真因の究明のために,このような漠とした解析では不十分で,もっと詳細に記述したプロセスの,どこにどのような不備があって,それがどのように問題の原因,誘因,遠因になったのかを明らかにしなければならない.そのためには業務プロセスを詳細に記述する必要がある.プロセスの記述はプロセスフローチャート,ユニットプロセスという方法がよいだろう.プロセスフローチャートによる業務の可視化の方法にはいろいろあるが,一つの

方法は，縦軸を業務の流れ（フェーズ），横軸を担当部門として描くことである．この図によって，その業務に，どのような活動が，どのような順序・構造で必要であって，どの部門が担当しているのかを表現することができる．これによって業務の流れの，どこにどのような問題があるのかが見えるようになる．一般に，何か起きたときに，どのような経緯があったのかに関心を向けることは賢い方法である．業務プロセスの流れに着目するのは，その原則に従う方法である．**図 2.2** に，例としてリハビリテーションについてのプロセスフローチャートの一部を示す．

業務の流れのなかで問題のステップが浮かび上がってきたら，それをユニットプロセスととらえて，問題の様相を理解するようにしたらよい．**図 2.3** に，ユニットプロセスのモデルを示す．この図のなかの各要素が，適切に運用され

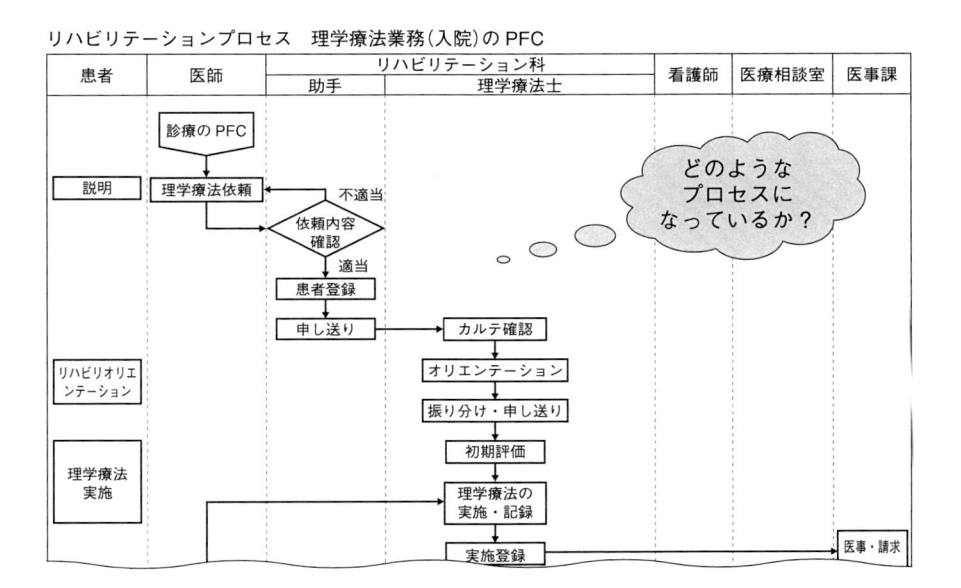

図 2.2　プロセスフローチャート

図2.3　ユニットプロセス

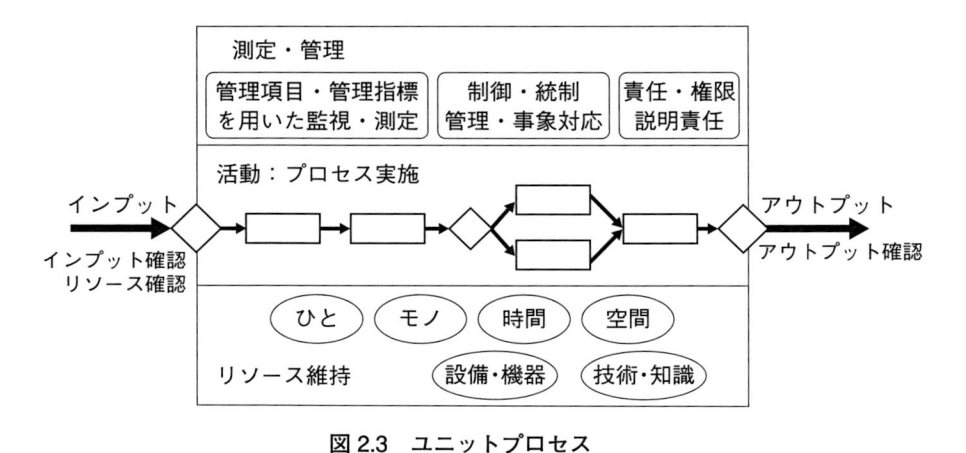

ていたのかという観点から，さらに問題を深掘りする．

　インプットされるモノ，情報，状態は正しかったのか．それを正しく確認したのか．プロセスの活動を支え，投入されるリソース，すなわち設備・機器，ひと，技術・知識，業務環境などは整っていたのか．そのことは確認したのか．このプロセスで実施される一連の活動は正しく行われたのか．手順・方法などは正しかったのか．このプロセスの進行とともになされる状態把握や必要に応じてなされる介入は適切に行われたのか．役割分担，責任・権限などは適切だったのか．そして，このプロセスのアウトプットとなるモノ，情報，状態が，期待通りのものであることを正しく確認したのか．このようにして，業務システムのどこに問題があるか探っていくことができる．

（4）業務システムの運営の基本

　業務システムの問題のありかを見る目の第二は，「業務システムの運営の基本」という視点である．効果的，効率的な管理のために，PDCAサイクルを回すという考え方が有効であるが，問題が起きた業務プロセスについて，PDCAの各ステップのどこに問題があったのかという見方である．

目的達成のための PDCA というステップは，以下のような活動から成り立つ．

 Plan   P1：目的，目標，ねらいの明確化
        P2：目的達成のための手段・方法の決定
 Do   D1：実施準備・整備
        D2：(計画，指定，標準通りの)実施
 Check C1：状況の確認・理解
 Act   A1：応急処置，影響拡大防止
        A2：再発防止，未然防止

■ **P1，P2**：目的・目標は明確だったのか．目的・ねらいを理解していたのか．進むべき方向を見誤っていれば，真の目的，真のねらいは達成できない．目的が正しく理解され，設定されていたとして，目的を達成するための手段・方法は決めたのか．決まっていたとして，目的達成のための手段・方法は妥当だったのか．日常業務でいうと，手順，マニュアル，作業標準，ガイドラインなどは正しく，それに従えば満足な結果の得られるようなものだったのか．

■ **D1，D2**：実施のために準備しておくべきことは整っていたのか．例えば，使用する機器類は満足な状態にあったのか．担当者はその業務を行うのに十分な知識・技能を有していたのか．用いる材料，物品は適切なものだったのか．実施においては，決められた通りに実施したのか．

■ **C**：業務が満足に進んでいるかどうか進捗を把握していたのか．進捗把握で得られた情報の意味を正しく理解していたのか．

■ **A1，A2**：満足できない事態が起きていることがわかったとき，迅速・的確に処置したのか．起きた事象によっては対応の方法を考察するための問題分析が必要になるが，それはなされていたのか．小さな問題を大きくしないためになすべきことはなされていたのか．さらに，こうした経験を通して得られた知見を将来の業務プロセスに反映をする機構が働いて，その業務プロセスは改善されてきたのか．

また，上述のPDCAのステップのどこにどのような問題があるかという見方と類似しているが，問題が問題となってしまう経緯の考察から導かれる，問題のありかのとらえ方もある．すなわち，問題の火種が発生し，それが見逃され，小さなうちに適切に処理されずに拡大していって，ついには無視できない問題になってしまう，発生原因，見逃し原因，拡大原因という視点で問題をとらえる見方も有用である．

　発生原因，すなわち，その問題がなぜ発生したかという原因を，関連する業務の標準的手順がどう設定され，どう利用されたのかという観点から，例えば図2.4のように分析することができる．この分析は，正しい業務が行われるためには，根拠のある正しい方法が決まっていて，その正しい方法を組織で共有するために標準として定められ，その標準に従って実施されていなければならない，という考え方に基づいている．なお矢印（→）の次の記述は，該当する場合の対応の方向性を示すもので，必要に応じてさらに詳細に分析した上で具体的な対応策が明らかにされることになる．

　見逃し原因についても，業務プロセスの途中における中間評価・確認がどうなされるべきかという観点から，原因を例えば図2.5に示すような観点から分析することができる．業務プロセスの流れ全体を改めて考察してみて，本来設けておくべき確認のステップがあるかどうか，あるとしても，確認すべき項目に抜けはないか，その項目を反映する特性値を確認しているか，評価条件は適切か，評価対象を適切に選定しているか，計測の誤差が問題ではないか，判定の誤りはないか，という視点で問題を切り分けることができる．

　拡大原因，すなわち発生した問題への対処の失敗の原因について，起きてしまった問題の解消，解決の過程でどのような不備があったからなのかという視点で，例えば図2.6のように原因を切り分けることができる．分析の視点としては，起こりうる問題を想定して，危急存亡への備えをしていたかどうかと，問題が起きてしまったあとの処理を的確にできたかどうかで切り分けている．問題への対処については，いわゆる問題解決を適切に実施できる能力があるかどうかという視点で分析している．

2.2 業務システムの脆弱性

```
トラブルの発生
├必要なステップがない→必要なステップを設ける
└必要なステップはある
    ├当該ステップの目的(入力／出力)不明確→該当ステップの定義
    ├当該ステップでの達成手段／実行手順がない
    │   ├基盤となる技術がない→不足技術の特定・研究
    │   └技術はあった→標準化対象となる技術の見直し
    └実行手順は設定されていた
        ├一応は従った
        │   ├手順が不完全(その工程の出力を自然に得るのが難しい)
        │   │   ├基盤となる技術がない→不足技術の特定・研究
        │   │   └技術はあった→標準化対象となる技術の見直し
        │   ├手順が間違い→標準の設定／改訂方法の見直し
        │   └手順書の行間を読めない→表現方法の改善, 基礎教育
        │                       (時間配分・重点業務・異常への対処)
        └従わない
            ├知らない
            │   ├教えられていない→教育計画・実施
            │   ├参照できない→標準の利用方法・検索方法
            │   └忘れた→教え方, 再教育・再訓練
            ├適用対象／適用方法の誤解→記述, 教え方, 理解の程度の確認
            └知っていた
                ├守る気がない→標準の意味の教育, モラル
                │   ├信用していない→標準の根拠の明示
                │   └非効率的と考えている
                └守れない
                    ├時間がない(途中で投げ出す)→業務計画
                    ├能力がない→教育・訓練
                    └矛盾する／難しい→不備の指摘の促進, 矛盾の見直し
```

図 2.4 問題の発生原因

　的確な業務を行うためには，もちろん知識，技術，技能，専門性が必要だが，こうした固有技術を生かすマネジメントの仕組みに弱点はないのかという問題意識を持って，システムの弱点，仕組みの悪さを分析することができる．

```
トラブルの見逃し
├ チェックしようとしない→業務フロー全体の見直し
└ チェックしようとはした
    ├ 項目の抜け
    │   ├ 設定手順がない・不完全→項目設定方法の改善
    │   └ 設定者の能力不足→能力向上
    ├ 評価特性値不適
    │   ├ 評価すべき側面の反映を考察した→評価項目の反映の見直し
    │   └ 調べない→評価すべき側面の反映の重要性の認識
    ├ 評価条件不適
    │   ├ 使用・環境条件を調べた→調査方法の見直し
    │   └ 調べない→使用・環境条件の重要性の認識
    ├ サンプリング誤差→評価すべき対象と現実の評価対象の関係
    ├ 計測誤差→計測誤差評価,改善
    └ 判定誤り
        ├ 判定基準あり
        │   ├ 明確→使用現場のニーズ調査,調査方法などの見直し
        │   └ 不明確→明確にする
        └ 判定基準なし→設定する,設定すべき基準の明確化
```

図2.5　問題の見逃し原因

(5) 業務の質・効率を左右する側面

　業務システムの問題のありかを見る目の第三は,「業務の質・効率を左右する側面」である．問題の原因を,業務の専門性に関わる技術の不足にあるのか,その技術を活かす方法論としてのマネジメントの不備にあるのか,業務に従事する人の知識,技能,意欲の不足なのか,あるいはそのプラットホームとしての組織風土・文化に背景要因があるのかという切り口も,問題発生メカニズムの多面的な考察,現実的な対応策を考察するために有用である．このようなとらえ方の基礎には,高品質・高生産性業務は「技術」,「マネジメント」,「ひと」,さらには「組織風土・文化」という基盤の上に成立するという考え方がある．

　業務の質・効率を左右する側面の第一は「技術」である．望ましい結果を得

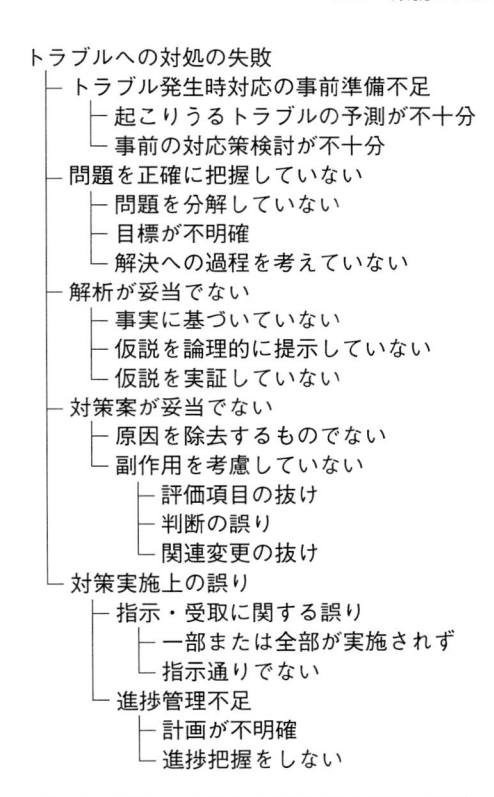

```
トラブルへの対処の失敗
├─ トラブル発生時対応の事前準備不足
│   ├─ 起こりうるトラブルの予測が不十分
│   └─ 事前の対応策検討が不十分
├─ 問題を正確に把握していない
│   ├─ 問題を分解していない
│   ├─ 目標が不明確
│   └─ 解決への過程を考えていない
├─ 解析が妥当でない
│   ├─ 事実に基づいていない
│   ├─ 仮説を論理的に提示していない
│   └─ 仮説を実証していない
├─ 対策案が妥当でない
│   ├─ 原因を除去するものでない
│   └─ 副作用を考慮していない
│       ├─ 評価項目の抜け
│       ├─ 判断の誤り
│       └─ 関連変更の抜け
└─ 対策実施上の誤り
    ├─ 指示・受取に関する誤り
    │   ├─ 一部または全部が実施されず
    │   └─ 指示通りでない
    └─ 進捗管理不足
        ├─ 計画が不明確
        └─ 進捗把握をしない
```

図 2.6　問題への対処の失敗原因（拡大原因）

るためには，当該分野に固有の技術（目的達成のための再現可能な方法論）が確立していなければならない．もし問題の原因がここにあるなら，技術的資産（技術標準，ガイドライン，マニュアルなど）の根拠とその妥当性を見直して，不足，不備を解消する必要がある．

　第二は「マネジメント」である．技術的にどうすればよいかわかっていても，いつでも，どこでも，誰でもが，その通りにできるとは限らない．日常の業務のなかで，それを自然体で実行できる手順，マニュアル，ガイドライン，

業務環境，業務支援などが必要である．優秀な人がとぎすまされた集中力で1回だけ成功するためと，普通の人が何回でもそれなりのレベルでできるために必要なことの間には大きな違いがある．科学，技術，理論，教科書から実施可能な実施手順の確立と運用へ，ということである．

　第三は「ひと」である．目的達成のための再現可能な方法論としての技術が確立していて，その技術を組織的に活用して目的を達成するためのマネジメントの仕組みがあっても，そのもとで業務を実施する人に能力（知識，技能）があって，十分な意欲がなければ，期待通りには実施されない．そのためには，知識・技術の教育，技能の訓練が必要であるし，手順，マニュアルなどの根拠・理由の理解を通して，その意義を十分に理解していなければならない．また人々の主体的な参加を促す仕組み，例えば，手順類の策定・改訂への参画，改善提案制度なども必要である．さらには，ヒューマンエラー，より広くは人間的側面への配慮の行き届いた業務システム，組織運営になっているかどうかも重要で，こうした点で問題はないのか，改善の余地はないのかを検討してみることも必要である．

　第四は「組織風土・文化，価値観」である．技術が確立し，技術を生かす健全なマネジメントが運用され，良い人々がいても，すべての業務がそれらの規範だけで行われるわけではない．技術の未成熟ななかで実施しなければならないことも，手順が不明確，不十分ななかで実施しなければならないことも，安きに流れたくなる誘惑のなかで実施しなければならないこともある．そのようなとき業務遂行に関わる健全な価値観が浸透していて，組織の風土・文化が盤石であると間違いが起きにくい．その意味で，理念の浸透，良き伝統の継承，組織のDNAの醸成に改善の余地がないかどうか検討することは大いに意味がある．

2.3 根本原因分析(RCA)を超えて

(1) RCAのねらい

　問題の分析にあたっては，表層的な不具合現象の除去，あるいは皮相的な原因分析で済ませることなく，根本原因分析(RCA：Root Cause Analysis)を行うべきであるといわれる．特に仕事の仕組み，業務システムに不備がある場合，深い分析が必要であるとされる．根本原因分析とは一体何だろうか．単に原因分析と呼ばないのは，何を強調してのことなのだろうか．

　問題解決にあたり，問題の原因を明らかにしなければならないということは，これまでいやというほど聞かされてきた．良い結果を得るためにはその要因系の充実が重要であって，問題が起きたらその原因を明らかにし，その原因を除去できれば，同様の問題の発生を防ぐことができて，これこそが管理のレベルアップであるという行動原理の徹底にほかならない．

　では，なぜ単に「原因」と言わずに「根本原因」と言うのだろうか．原因を明らかにして除去することによって再発防止策を講じたにもかかわらず，類似の問題があとを絶たないという事実があるからに違いない．では，なぜ似たような問題が繰り返されるのだろうか．それは，除去する原因が狭い範囲だからである．

　例えば，ある作業において，作業指示票に記載された記述書式が規定通りではなく，指示を受けた者が誤解したために間違いをしたとしよう．原因は，規定通りでない書式による指示の記述である．原因の除去のために規定通りに書くことを再確認したとしよう．それは守られるだろうか．これまでも，何回も確認してきたが，いつの間にかあるグループ内で通用する簡単な記載の仕方が大勢を占め，最近異動してきた者が誤解してしまうということが起きる．そうであるなら，規定を守らない理由を明らかにし，その阻害要因を除去しなければならない．規定が合理的でないので守らないというのなら，そのような規定が決められてしまう理由，その不合理な規定をそのままにしてウラの規定で運用する背景要因を明らかにする必要があるだろう．こうした原因・理由の分析

の甘さとともに，対策を取る範囲が狭いために，同様の問題が時と場所を変えて発生することになる．あるグループで起きた問題は，同様のメカニズムで他のグループでも起きるのが普通だが，そこまで水平展開されていないからである．

　根本原因分析の目的は未然防止にあるといってよい．あるいは，非常に広い意味での再発防止のために行うといってよい．規定通りに実施していないことが直接原因で問題が起きているとき，今後は問題が起きた業務についてだけ規定を守ることにするのか，すべての重要な規定についてそれが守られているかどうか調査して，守られていない規定についても処置を講ずるかの違いである．規定を守らない理由の背景要因が不合理な規定にあるとしたら，すべての業務について規定が合理的かどうかをレビューして，おかしな規定を改正するという処置も考えられる．こうした処置を施した業務では，まだ問題が起きていないかもしれないので未然防止といえる．しかし，不合理な規定という問題は存在したわけで，その意味では再発防止かもしれない．

　未然防止と言おうが再発防止と言おうが，私たちはどちらでも構わないが，少なくとも問題を経験したら，そこからできるだけ多くの教訓を得て，なるべく広い範囲に手を打つことをしないと，いつまで経っても，根の同じ問題が姿形を変えてあちこちで生じることになる．これが「類似の問題があとを絶たない」という現象である．ここに一石を投じようというのが，根本原因分析のねらいである．こうした分析によって，問題があとを絶たないという現状を打破するためには，マネジメント力の向上，組織的改善能力の向上が必要である．根本原因分析とは，まさにそのために行われる分析である．

(2)　RCAの問題点

　そのために，根本原因分析では，ある事象がどのような経緯で起きたかを詳細に調べ，それらの事象を引き起こした背景要因を明らかにしようとする．しかし，読者諸賢のなかには，なぜこんな事実関係まで事細かに明らかにしなければならないのだろうか，背景要因を明らかにするために行う事象間の関連の

2.3 根本原因分析(RCA)を超えて

分析をどのように行えばよいのかわからないなど，とまどいを感じた方がいるに違いない．

深く分析しよう，広い視野で分析しようと言われても，どのようなものの見方で，深く，広く，しかも的確に分析するのかわからないのは，分析の観点，視点が明確に与えられていないからである．問題には構造がある．それを順に解きほぐしていくようにしないと，的確な答えは見つからない．ただやみくもに深く，詳細に，広くと言われても困惑するだけであり，根本原因分析は時間がかかる，肉体的にも精神的にも疲れる，専門家に任せておけばよい，となってしまう．こうした理由があって，前述の 2.2 節で長々と業務システム脆弱性についてのものの見方を語ってきた．問題がどのような形で起こるかについて，自分なりのモデル，仮説を持っていないと，的確な分析ができないからである．

あらためて，根本原因分析とは難しい手法であると痛感する．いや根本原因分析がそうなのではなく，一般に問題解決，原因分析が難しいというべきかもしれない．経験したことから将来に生きる有益な教訓を得るための方法なのだから難しいのは当たり前である．そのためか，根本原因分析を学んだ少なからぬ方々が，根本原因分析の目的・ねらいを忘れ，根本原因分析の方法，手法，思想に対して誤解を持ち続けているように思う．誤解を恐れずに，以下に少し刺激的な問題提起をさせていただく．

根本原因分析において，次のことを強く勧めているように見える．しかし，これらを忠実に実施することは，根本原因分析のねらいには合致しないことを指摘しておきたい．

- なぜなぜを 5 回以上繰り返し根本的な原因を明らかにせよ
- 事実をつきとめよ，何が起きたか徹底的に調べ上げよ
- 根本原因をつぶせ，原因はすべてつぶせ

これら 3 つの教えは，その意味を正しく理解していれば，まさに根本原因分析の王道，正解そのものである．しかし，落とし穴がある．私たちが，なぜあまりにも明らかな，そして正しいことに思えるこれらの教えに異議を唱えるの

か，以下に説明させていただく．

(3)「なぜなぜを5回以上繰り返し根本的な原因を明らかにせよ」に対する疑問

第1章の反面教師⑮で「なぜなぜ5回こだわり症候群」について述べた．人がミスをした原因を明らかにしようとして，「なぜ，なぜ，なぜ？」と問いつめるように聞くことは得策ではない，という趣旨であった．そして，皮相的な「なぜなぜ問答」方式の原因追及より，問題を起こした状況を正しく把握することのほうが重要だと述べた．

「なぜ？」という用語にはワナがある．「なぜ？」と聞いている方は，
  ① 原因・理由(何が原因か，何が理由でそうしたか，しなかったか)
  ② 目的(何のために，それをしたのか，しなかったのか)
  ③ 手段(どう考えてその方法でやったのか，やらなかったのか)
というような，いろいろな意味で「なぜ？」と聞く．この聞き方は，広い視野から問題が起きてしまった状況を知るという意味で，正しい方法であると思う．ところが，「なぜ？」と聞かれた方は，叱責(なぜ失敗したのか，なぜ良い方法で実施しないのか)されているように感じてしまう．自分で自分のしたことを分析しているときにも，そうした感覚になりがちである．

私たちは，短兵急に原因について考えることの弊害が大きいことを，多数見聞きしてきた．人間社会で起きる様々な問題は，私たちを支配している自然科学，社会科学の法則に従って起きる．問題を起こしているメカニズム全体を明らかにすべきであり，そのために必要なのは観察，調査，現状把握である．「なぜ？」とたたみかける前に「どうなっているのか？」に関心を寄せるべきである．

(4)「事実をつきとめよ，何が起きたか徹底的に調べ上げよ」に対する疑問

第1章の反面教師⑧で「事実究明こだわり症候群」について述べた．事実を

究明することは正しいことだが，事実の究明そのものが目的ではなく，こだわり過ぎてはいけない，過去の経験から教訓を学ぶにあたり，事実と異なる理解に基づいて誤った教訓を得ることが避けられればそれでよい，という趣旨であった．ある問題の原因について，事実が明らかでないために想定される因果メカニズムが2つ以上考えられるとき，その双方から有効な対策が導かれるなら，それは立派な知見ではないだろうか．

　根本原因分析は犯罪調査ではない．起こしたことに対して，懲らしめよう，責任を取らせようという気持ちがあると，究明してもあまり意味のない事実を明らかにしようと躍起になってしまう．私たちが行う原因分析は，誰かを罰するために行うのではなく，どのようにして問題が起きるかについての知見を得て将来に生かすためにある．実際に何が起きていたかはわからなくても，起きた問題に対する深い考察から，将来起こりうる問題発生メカニズムを認識し，有効な対策を打てるなら，それは十分に意味のある根本原因分析であるといえる．事実を究明する必要がないと言っているのではない．事実を究明する目的を見失うことなく，くれぐれも浅薄な意味での事実究明の亡者にならないようにしたいものである．

(5)　「根本原因をつぶせ，原因はすべてつぶせ」に対する疑問

　第1章の反面教師⑬で「因縁無理解症候群」について述べた．問題の原因には，内部要因（「因」：自らの管理権限内にあって自ら制御可能な要因，自責の問題）と，外部要因（「縁」：自らの管理権限外の要因，環境，他責の問題）があり，どの「因」や「縁」に対しどのような対策を打つのか柔軟な思考をすべきである，という趣旨であった．再発防止，未然防止のために，文字通りの意味での根本原因に対して策を講ずることがベストとは限らないし，それができないこともある．問題発生メカニズムの全貌を理解し，どこに手を打つのが合理的であるか考察すべきであるということであった．

　例えば，ヒューマンエラーによって問題が起きたとき，文字通りの意味での根本原因を追及していくと，その人の存在そのものが根本原因となってしま

う．しかし，どのような対策がありうるかと考えると，排除（業務目的を考察し，その業務をなくす），制約（間違いができないようにする），軽減（間違いにくくする），支援（楽にできるようにする），検知（間違いに気づくようにする），緩和（間違いの影響を小さくする），対応（迅速・容易に対応できるようにする）など，様々考えられる．また，ヒューマンエラー発生の深因としては，組織の行動原理，価値観，文化・風土，しつけなどが考えられるが，これらすべてに対して対策を講じないと根本原因分析とはいえないという，ある意味では誠実な，しかしあまり賢いとはいえないトラウマもあるように見える．想定される原因すべてに対して手を打つことが合理的だとはとても思えない．

(6) RCAの正体

「根本原因分析」が強調された理由は，問題を引き起こしている構造を理解することなく，皮相的な策にとどまって，再発防止の点でも，未然防止の点でも，有効な分析・対策案が導出されない現実にある．根本原因分析のねらいは「学習する組織」のすすめにある．根本原因分析とは，失敗（経験）の研究によって，システムの不備，脆弱性を認識し，同様の問題を起こす可能性を低くするための組織的活動なのである．

こうした失敗の研究を継続していくためには，人を責めない（「悪いのは人ではない，その人のやり方だ」という考え方），教訓を得て進歩し続ける，現実的な対応策を検討する，というような態度が必要である．根本原因分析という美しい名称から，とにかく根本的な原因を明らかにしなければならないとか，組織要因，文化・風土に言及できなければ根本原因分析とはいえないと誤解している方がいる．あるいは，RCA手法と称される特別の手法を使った分析方法こそが根本原因分析であるとの誤解もある．

根本原因分析とは，そのような特別の分析ではなく，起きた問題の発生構造の全貌を知り，現実的な策を講じて類似の問題の再発防止・未然防止を実現することを通じて，組織のマネジメントのレベルを上げる組織的な活動の基盤となる考え方であり方法論である．何か経験をしたら，それを契機に賢くなるべ

きだが，その当たり前の行動に与えられた象徴的な総称なのである．

2.4 原因分析の手順

(1) 原因分析のステップ

これまでかなりの紙数を費やして，問題解決，原因分析に関わる様々な側面について語ってきた．それにもかかわらず，問題解決のステップ，原因分析の手順については，あえて触れて来なかった．問題のタイプや性質によっては，そうした型にはめた手順では適切に対応できないのではないかという疑問があり，問題解決という主題に関わるものの見方として，問題解決の基本的考え方，反面教師，業務システムの脆弱性などについて語ってきた．

とはいえ，私たち自身，問題を目の前にすれば，上述してきたようなことを念頭に置きつつ，問題の性質に応じて柔軟に対応しようと思ってはいても，何となく「問題を解きほぐしていく手順」のようなものを持っていてそれを適用しているので，そのことについて触れておきたい．ここで説明しようと思っている手順が対象とする問題は，実は限定されたものである．問題とは，本来は「自分たちの将来までをも考えたときに，いま実施しておかなければならないこと」くらいの広い意味ととらえるべきであり，「あるべき姿と現実のギャップ」と表現してもよいだろう．すると将来に向けて実施しておくべき課題，例えば新たな○○法開発とか，○○情報システムの構築とかも主題になる．しかし，ここでは，起きてしまった問題にどう向き合うか，そのための基本的な手順を説明する．ある程度の抽象化能力があれば，この方法が将来に向けての課題への対応というタイプの問題の解決にも有効であることがわかるだろう．

起きてしまった問題を解きほぐし，対応策を考察するとき，以下の3つの段階を踏む．

① 状況把握
② 原因構造解明
③ 対応検討

次項以降で，この3つの段階で，私たちがどのようなことを考えながら，問題として提示されたことをどのように理解し，その問題発生メカニズムを解きほぐし，それを踏まえてどのようにして現実的な解決策を考察するように努めているのか説明する．

(2) ステップ1：状況把握

状況把握では，まずは何が問題であるか理解する．またその問題に関連して知っておくべきことを理解するよう努める．問題解決において重要なのは，実は問題の定義である．「〇〇が問題だ」という訴えを鵜呑みにすることは危険である．意識的に実態をねじ曲げようとする人もいるし，何もわからず問題だと騒いでいる場合もある．そこで私たちは，最初に，何が起きているのか，何が事実で何が意見・見解・憶測かを注意深く聞き取り，問題の実態を把握するように努めている．

何が問題か何となく把握できたら，次に事象の連鎖を理解するよう努める．何が起きて，それに誘導されて次に何が起きたかという連鎖である．このとき理由・原因についてはあまり深く考えず，次に解明する問題の構造に関係しそうな事実を把握するよう努める．事象の連鎖の理解のために業務プロセスの理解が必要となることもある．そのための，業務プロセスのフローと各プロセスの要素の実態の理解の方法については，2.2節(3)項で既に説明した．

事象の理解において，人がどんな状況で何を考えどういう意図で何をしたのか（人の思考・行動プロセス）を把握することが重要なときがある．このとき「なぜ，なぜ」と問いつめるように聞き出すことはしない．上手な質問，インタビュー，対話によって，何があったのか，その状況を知るようにする．

もし問題が物理・化学的な現象に関わるなら，目で見た観察結果とか，科学的な測定・分析の結果について聞くようにする．問題を引き起こしている物理・化学的なメカニズムがわかっているが，その知見を十分に生かせる業務システムになっていないために問題が発生しているときは，技術を生かすマネジメントシステムの改善が必要だが，この種の問題の再発防止のための分析手順

については後述する．もし物理・化学的な因果メカニズムが不明確であって，この解明こそが問題の本質に関わっていると判断したら，専門家に科学的・技術的な検討をしてもらう．問題解決には相違ないが，いまここで検討しようとしている原因分析とはタイプが異なる．

こうした問題事象の理解の過程で，問題の原因構造解明の準備として，起きている事象の実態や特徴を把握するように努める．事象の理解の際に，通常はどうやっているかとか，類似のものとどこが違うかというような「比較」を着眼点にすることがよくある．また，いつから何が変わったかという「変化」にも目をつける．時間そのものは原因ではあり得ないが，その変化しているときに変わっている何かがあって，それが直接・間接の原因になっていることがあるからである．

問題の様相を理解するために「関係者分析」をすることもある．それは，問題となっている業務システムについて，どのような関係者がいて，誰が誰に何をすることになっているのか理解するという分析である．これは，あらゆる業務プロセスが，誰かに何らかの価値を提供する過程のネットワークであると解釈できて，その価値提供に多くの関係者が絡み，それらの関係者が期待した通りに機能しないと，それが問題のきっかけになると考えているからである．この分析はプロセスの分析と類似している．関係者分析は，誰がそのプロセスのオーナー（主体的責任者）で，誰にどのような利害関係があるか理解しておくための分析である．

また，プロセスの理解の過程で，問題領域を明らかにしようと努める．どのプロセスで問題が起きているのか，どの機能（ニーズ，実現構想，実施，検証，提供など）の問題なのか，どの部門（あるいは人）の間の関係の問題なのかなどについて，あたりをつける．

(3) ステップ２：原因構造解明

原因構造解明では，問題が起きたその因果構造の全貌を明らかにする．私たちは最初に，その問題が，その分野に固有の技術・知識の未熟さに由来するも

のかどうか判断する．問題とは目的が達成できないことであり，目的達成に必要な再現可能な方法論（＝技術・知識）があるかないかで対処の方法が全く異なるからである．技術が未熟なら，組織の技術資産，知識レベルの充実を図る必要がある．これまでの私たちの経験では，技術が未熟で発生している問題は驚くほど少なく，確立している技術・知識が組織共有のものとして有効活用されていないことにより起きていることがほとんどであり，マネジメントシステムの充実によって大幅な改善を図ることができる．

　その問題がマネジメントの工夫によって何とかなるかもしれないときは，それが計画の問題か，実施の問題かの判断をする．すなわち，目的達成の方法論としての計画に不備があるのか，それともその計画通りにできなかったという実施に問題があるのかという切り分けである．より広くは，目的達成のためのPDCAのうちどこに問題があるか考察している．これは，2.2節(4)項で解説した．すなわち，PDCAとは目的達成のための活動であり，それはP1(目的，目標，ねらいの明確化)，P2(目的達成のための手段・方法の決定)，D1(実施準備・整備)，D2(実施)，C(状況の確認・理解)，A1(応急処置，影響拡大防止)，A2(再発防止，未然防止)から構成され，このうちどこにどのような問題があったかを考察するという方法である．

　次に私たちは，業務プロセス全体のなかのどのプロセスで問題を発生させ，どのプロセスでその(小さな)問題を見逃し，どのプロセスで十分に対応できずに拡大させてしまったのか，そしてそれはなぜなのかを考察する．これは，健全な業務システムというものが，そもそも業務を遂行するためのステップが確立していて，各ステップにおいて失敗しないように業務を行い，失敗してもそれを早く見つけ，失敗に上手に対処できるようにしている必要があるとの原則に基づくものである．そのため，その健全な業務システム像との対比においてどこに不備があるか考察する．これらの分析については，2.2節(4)項の後半で解説した．

　さらに私たちは，「ひと」に関わる改善の余地について検討する．技術が確立し，その技術を活用できる業務プロセスが確立していても，業務を実施する

人に能力（知識，技能）があって，十分な意欲がなければ，期待通りには実施されない．そこで，知識・技術の教育，技能の訓練の状況，手順・マニュアルなどの根拠・理由の理解などを調査する．また人々の主体的な参加を促す仕組みがあるかどうかも調べる．さらには，ヒューマンエラー，より広くは人間的側面への配慮の行き届いた業務システム，組織運営になっているかどうかについても問題はないのか，改善の余地はないのかを検討する．

組織の風土・文化，価値観についても調べることがある．それは，技術が確立し，技術を生かす健全なマネジメントが実施され，優れた人々がいても，すべての業務がそうした枠組みだけで実施されるわけではないからである．未成熟な技術，不明確・不十分な業務手順，堕落への誘惑のなかでの業務実施でも，正しい業務を遂行できる健全な価値観，組織の風土・文化，しつけが浸透しているかどうかを確認することもある．

もうお気づきとは思うが，上述した分析には，仮説・モデルが必要である．問題の起き方，業務システムの不備の類型をある程度知っている必要がある．このことについては，第3章以降でさらに詳しく考察する．

（4） ステップ3：対応検討

発生した問題への対応には，性質の異なる2つの活動が含まれる．第一は，その問題が進行中の対応であり，第二は，その問題がひとまず沈静化し，将来に向けて何らかの知見を得る段階での対応である．

いま起きている問題を上手に収束させることは，テキパキと的確に対応しなければならない難しい判断を伴う活動である．本書は，問題が沈静化したあとの反省，振り返りに焦点をあてているためほとんど説明していない．問題沈静化後に，その問題をどのように収めるべきだったかという分析のときに考察している程度である．このタイプの対応は，問題露見直後から，状況把握と同時進行で進めるべきである．

この第一の対応で重要なことは，起きている問題そのものを早期に解消することである．原因の除去ができればよいが，そうでなくてもとにかく問題事象

そのものを除去，軽減，修復し，被害拡大防止，影響の極小化を図る．問題の被害者など関係者への迅速，的確，誠実な対応も必要である．ここで行き違いが生じて問題がこじれる例には事欠かない．さらに，同一の事象・原因で起きた，あるいは起きている他の問題についても対処が必要である．なかでも案外難しいのは，起こしてしまった未対応の問題の後処理である．対応する範囲の決定に必要な調査や対応そのものに膨大な手間を要することがあり，高度な判断が必要である．

　第二の対応が，本書が主に対象にしているもので，将来起きるかもしれない同種の問題にどう対処するか検討するものである．基本は，原因構造解明で明らかにした問題発生メカニズムの全貌を考察して，どの因果連鎖をどう断ち切るか，どう軟着陸させるように誘導するか，広い視野から検討することである．大切なことは，候補となりうる対策を広い視野から吟味することである．「根本原因をつぶせ，原因はすべてつぶせ」というトラウマにはとらわれないほうが得策である．

　どのような対応を取るか考察する際には，候補となっている対応策について，効果，経済性，（技術的）実現可能性，対応策実施の完全性・継続性，対応策の副次的効果などについて検討する．できないこと，する気のないこと，守れないこと，実施しても効果の小さいこと，副作用の大きいことは実施すべきではない．

　「効果」とは，対応策を実施することによる，その問題の抑止効果のことである．原因構造解明が正しければ，因果連鎖のどこをどう変化させることによってどのような効果が得られるか正しく考察できる．これでいこうと思ったとき，私たちは，その対策案によって本当にその手の業務を自然体で上手くこなせるだろうかと思案する．「経済性」とは，その対応策に必要なコスト，投資，追加工数などである．「（技術的）実現可能性」とは，その対応策が，本当にその業務システムのなかで実施できるだろうかという検討である．業務プロセスによっては，候補になっている高度な技術が，仕事の流れのなかで調和して実装できないこともある．「対応策実施の完全性・継続性」とは，その対応策を

自然体でほぼ忠実に実施できるか，続けていけるかという検討である．担当者に長時間にわたる緊張感を強いるような方法は，始めはともかく，間もなく雲散霧消する．

「対応策の副次的効果」とは，対応策による，ねらった効果以外の副次的効果や副作用などの検討である．特に副作用の検討は重要で，改善したつもりがかえって改悪になっていることがないかどうか検討する．

2.5 原因分析の要素技術

問題の構造を理解し，その因果メカニズムを解明するためには，当然のことながら技術が必要である．本節では，これまで述べた節で用いることになる，原因分析の要素技術について解説する．

(1) 問題発生の対象に応じた分析技術の違い

原因分析の対象によって，方法や重要となる基本技術が変わってくる．例えば，ソフトウェアを含む組込みシステム商品に発生した問題の原因分析においては，構成する要素としての電気・電子機器，機械系要素，ソフトウェア及び情報そのものが分析対象となり，それらの対象に応じた分析が必要となる．さらに，成果物を生むプロセスもまた分析の対象となりうるが，開発プロセスの構成要素である人，情報（ドキュメント），もの（設備・ツール）に応じた分析法が必要である．容易に想像できるように「人」に関する分析は容易ではない．

1) 「もの」の分析

電気・電子機器，機械系要素などの「もの」の分析においては，現物の観察が基本である．事実を確認することは，その気にさえなれば，他の分析対象に比べて容易である．電気・電子的測定，ルーペや顕微鏡による観察，力学的測定，熱力学的測定，化学分析など，基本的な方法から高度な測定法まで道具はいくらでもある．

「もの」の分析においては，「ばらつき」と「変化」に留意する．測定・観察した結果が観測対象に特有のことか，それとも観測しようとする全対象に普遍なことか，観測時点以前や以降も不変であるかなどに注意する必要がある．分析によって対象が変化し，再観察が不可能な場合もあるし，観測の時期を失すれば貴重な知見を得ることができない場合もある．

「もの」を分析するための基礎となる知識と技術は，「もの」それぞれについての科学と工学である．電気・電子はそれぞれ電気工学・電子工学，機械は機械工学，化学系は応用化学・化学工学が基礎であり，さらに材料学，制御工学などの専門分野の工学が前提となる．加えて，工学の基礎として，物理学，化学，数学，生物学(生物工学関係の基礎)がある．

2) 「情報」の分析

分析対象としての「情報」には，データベース，成果あるいは保証の記録として残っている情報，メモ程度のもの，廃棄されたもの，あるいは会話など残されていない情報などがある．

文書として残っている場合には，内容を分析することができる．文書は「もの」とは異なり時間とともに変形することは少ない．ただし保管期限や保管方法によっては物理的に読めなくなることはある．分析により変形することは少ないので，通常は繰り返し分析することができる．

残っていない情報を分析する場合には，その情報の作成者の記憶により再現する必要があり，「人」の分析を行う必要がある．

情報を分析するための基礎には，開発における情報であれば情報工学，情報科学があり，先に述べたそれぞれの専門分野の工学，科学がある．情報の基礎にはコミュニケーションについての専門技術があり，言語学ほかの科学がある．言語学の基礎には，用語の定義を含め，哲学が基礎となる．

3) 「人」の分析

分析対象としては，個人としての「人」そのものとともに，その集団である

「組織」もある．人の分析においては，分析対象となった人の記憶が頼りであり，記憶を呼び戻すために「質問」による分析が必要になる．人を分析する場合には，分析の方法や技術によって得られる情報がかなり異なることに留意する必要がある．例えば，分析プロセスそのものが分析対象となる人に影響を与え，防衛本能に起因する意識的・無意識的な脚色などにより良質の情報が得られないことがある．また，時間の経過により正確でなくなることもある．

　問題発生に至る経過の分析において，文書類の分析と並行して人を分析するときには，その主眼を思考プロセスに置くことが多いが，記憶に頼り，無意識の自己正当化本能が働くので注意が必要である．記憶を掘り起こしつつ，何をどう考えていたかを解きほぐす「質問」を工夫しなければならない．

　人の分析の基礎には，対人関係技術，コミュニケーション技術があり，行動科学がある．さらに組織も含めているので，経営工学，経営学，心理学，社会学，文化人類学，比較文化論なども必要となる．さらにその基礎には精神分析学，風土論，遺伝学，医学などもある．

(2) 観　察
1) 観察の重要性

　対象が何であれ，分析における基本は「観察」である．前述したように，分析においてはいきなり「なぜ？」と問う前に「どうなっているのか？」を知ること，すなわち「事実を知る」ことが理由・原因を考察する前に重要である．事実関係を理解し，そのうえで「どうしてそうなったのか？」を知ること，これが本書で「分析」と呼んでいる行為である．

　「観察」とは何か．『広辞苑』(第四版)[1]によれば以下の通りである．

『① 物事の実態を理解すべくよく注意してくわしく見ること．見きわめること．
　② 認識の目的に従って，一定方針のもとに，現象がどのようであるか，どのように生起するかという事実を確かめること．観察には望遠鏡など

の道具や統計的手段を用いる場合が多い．広義では実験も含む．』

　この定義からもわかるように，観察は「物事の実態をみる」基本であり，「認識の目的をもってみる」ことを意味している．
　認識のために，観察の重要性は論を俟たない．事実を知るための基本は観察であり，分析においても同様である．観察は対象を認識するために必須であるとともに，認識したいものが認識できたかどうかの判断においても重要である．
　例えば「人」が分析対象である場合，前述したように質問の仕方によって分析対象者の反応が変わりうるので，その観察が重要となる．本音かどうか知るため，分析終了時に結果が満足できるものかどうかを判断するため，不適切な質問の仕方によって回答を誘導したかどうかを知るため，質問している項目以外に要因が隠れているかどうかを知るために，表情の観察は重要である．

2)「みる」

　観察の基礎は「みる」ことである．「みる」には「見る」，「視る」，「観る」，「診る」，「看る」など複数の意味がある．近いものに「察する」がある．「みる」を『広辞苑』(第四版)[1]で引いてみると以下のような多様な意味があることがわかる．

　『みる【見る・視る・観る】
　　自分の目で実際に確かめる．転じて，自分の判断で処理する意．
　　① 目にとめて内容を知る．a)目にとめて知る．b)ながめる．望む．c)あう．d)異性とあう．e)よく注意して観察する．
　　② 判断する．a)物事を判断する．b)見て占う．c)目にとめた文字の意味を知る．読む．d)評価する．e)(「診る」とも書く)診断する．診察する．
　　③ 物事を調べ行う．a)取り扱う．行う．b)指導する．c)調査する．

しらべる．d)（「看る」とも書く）世話をする．
④　自ら経験する．a)身に受ける．身にかぶる．b)経験する．c)試みる．ためす．d)ためしに……する．ある事実に気付く，またはある事実が成り立つ条件を示す．
⑤　（僧の忌詞）仏前に供える花を切る．』

このように「みる」には複数の方法があり，差のあることを知ることが重要である．いくつかの領域での「みる」の違いをみるのも興味深い．例えば，剣術の領域で，見，観，察は違うという．初心者は「見る」で，レベルが上がると「観る」になり，名人級になると「察する」になるそうである．「察」には「くわしく調べ知ること．おしはかること」(『広辞苑』(第四版)[1])の意味がある．「察する」ためには，ある種の視点，知識，仮説が必要であり，それによってこそ何気ない兆候から意味あることを発見できる．本書では，「察する」ことを可能にするために，問題発生の構造のモデルを持つことの重要性を指摘している．

3)　「きく」

「きく」についても「みる」と同様なことが言える．『広辞苑』(第四版)[1]で「きく」を引いてみると以下のような意味が載っている．観察との関連でいうなら，物理的に聞くことから，意義を認識すること，傾聴すること，調べることまで，その意味は広い．

『きく【聞く・聴く】
①　言語・声・音などに対し，聴覚器官が反応を示し活動する．a)聴官に音の感覚を生ずる．声・音が耳にはいる．b)人の言葉をうけいれて意義を認識する．聞き知る．c)他人から伝え聞く．d)聞き入れる．従う．許す．e)よく聞いて処理する．f)注意して耳にとめる．傾聴する．g)（「訊く」とも書く）尋ねる．問う．

②　(「利く」とも書く) 物事をためし調べる．a) かぎ試みる．かぐ．b) 味わい試みる．c) あてて試みる．なぞらえる．準じる．』

　例えば「音を聞く」を考えてみる．異常時のみに発生する音もあり，音のリズムが問題になることもある．異常音には，振動音，接触音，回転音，うなり，燃焼音などがある．FAXの通信音は人が聞くことのできる周波数であり，通信プロトコルが音のリズムとして聞こえるが，解読できるように訓練していなければ何の意味も伝わってこない．

　「人の声を聞く・聴く」ときには，音としての物理的性質以外の特徴を把握することが本質である．小さな呟きが重要なヒントになることもある．声そのものを物理的に聞くのではなく，その心理状態を知ることが必要なこともある．

　「きく」ことから察する方法についても「みる」と同様である．表情，声色，そのほか総合的に判断して，言外の意味を知ることにより，察することが可能となる．

4)　「もの」の観察

　「もの」の観察については多くの専門書があるので，ここでは詳細には触れない．「みる」にはいくつもの種類があると上述したが，「もの」の観察における基礎は，外見に現れたことを目で見ることである．だがそれだけでは分析にはあまり役に立たない．

　一つの重要な視点は，「目的を持ってみる」，「仮説を持ってみる」ことである．そのためには，当該分野における問題の様相，原因の候補，原因を特定するために有効な特徴などの技術的知識を有している必要がある．それによって，光学的に見ることから，対象の意味を読みとれるようになる．

5)　「情報(文書)」の観察

　ソフトウェアのような無形の価値を生み出す過程で生ずる問題の分析におい

ては，文書の観察が鍵となる．ソフトウェアという生産物も，これを生成する過程における中間生産物も，生成するために人がどのような思考プロセスを経たかも，事後に確認するための有力な手段が広義の文書だからである．

文書を観察するとき何に留意するか．まさに，「見る」ではなく「観る」，さらには「察する」ことができなければ，得られる情報は少ない．

以下は，文書(情報)の観察の着眼点の例である．

① 構造：文書の構造(目次構成)，記述の順序．ここからその文書の論理構造がわかる．その文書を構成する要素の網羅性，要素間の関係がわかる．つまりは，その文書を書いた人(たち)の思考様式がわかる．目次構成とは，文書記載の要素を木構造で表現したものであるから，どの構造を選択したかによって，その適切性が判断できるし，執筆者が重視していることが読みとれる．

② 記述内容：何が書いてあり，何が書いていないか．この観察から，当該文書を構成する要素が必要にして十分かどうか妥当であるか判断する．うんちくを傾けて書いてある部分にはわけがあるので，その理由を考察すべきである．抜けがあると思われたら，本当に能力不足で抜けたのか，意図的に書かなかったのか確認すべきである．

③ 技術的内容：文書に記載されているコンテンツ，技術的内容，そのレベル．実質的内容がどれほどの技術レベルにあるものかを読みとる．

④ 表現：表現形式，図表の利用，書式．本質的な技術内容を誤りなく伝達するために適切な表現形式を選択しているか観察する．あらゆる情報には構造がある．表がよいか図がよいか，どんな表どんな図がよいか．もし適切でなければ何らかの誤りがあるかもしれず，その文書によって伝達すべき人に意図が正確に伝わらないかもしれない．

⑤ 作成(記載)順序・変更推移：文書を構成する各要素の記述順序，変更の経緯．どこから書いたか，どこに変更を加えたかを知ることによって，執筆者の思考様式，論理構造が読みとれるかもしれない．技術力がわかり，何を誤解しどう正解に達したか，残存する誤りの可能性がどこ

にあるか判断できるかもしれない．
⑥ 執筆陣の構成：一人の万能型の専門家が書いたか，複数の専門家が共同で書いたか．リーダ(中心人物)は誰か．役割分担はどうなっているか．
⑦ 形式的か実質的か："見せる"ために内容を理解せずに形式的に書いているか，自ら理解して実質的内容を書いているかにより，内容が主題，目的，ねらいと合致しているかどうか判断できる．

6) 「人」の観察

開発，営業のような無形の価値を産出する過程における問題の構造を理解するために，その無形の価値を生み出す「人」の観察が重要になる．人の観察には，行動の観察と心理の洞察とがある．人の一般的動作やジェスチャーについてもそれぞれに意味が込められている．

① 人の観察の必要性

「人」を対象にした分析では質問を用いることが多いが，質問には他のコミュニケーション方法と同様に相手の行動に影響を与えてしまう危険がつきまとう．単に自分の思考ペースで一方的に問いを発すると，回答者の(望ましくない)反応によって，事実を把握できないことがある．

こちらの問いかけに対する反応が意図したものとなっているかどうか確認しつつ質問の仕方を修正しながら進めることが重要である．その基礎が質問しながらの観察である．

② 人の観察で何を行うか

分析における人の観察には，まず，質問に伴う観察がある．これらは質問の項(p.82)で説明する．さらに，現場で事実を把握するために行う観察，及び原因の一つとしての管理者の情報把握能力と技術を知るための観察がある．

こうした観察における項目には以下のようなものがある．

a) 分析により新たな事態が発生したかどうかを知る．対話という分析によって相手に変化を与える．有意義な気づきなど好ましい場合もあるが，事実と異なる方向に誘導するなど好ましくない場合もある．回答の際に，考えて回答したか反射的に回答したか，あるいは結果的に誘導してしまったかどうかを知るために観察を行う．
b) 事実かどうかを知る．表情を見て本音かどうかを確認するなどの観察を行う．
c) 判断する．例えば，分析が終了したときに結果の善し悪しを判断するために表情を観察する．
d) 要因が隠れているか知る．質問している項目以外に要因が隠れているかどうかを知るためにも，言い残したことがあるかどうかを観察することが必要になる．

③ **分析による影響を防止するための観察**

上述したように人を対象にした分析には質問と回答という形式の対話を用いるので，分析により相手に変化を与えることがある．分析による影響には，a)誘導，b)叱責・心理的圧迫，c)誉められたと思う心理的抑揚，d)爽快感，悟り(p.82参照)，e)事実の発見感，f)課題負担感，などがあり，観察により未然に防止する必要がある．

これらの影響があったかどうかを知るには質問による方法もあるが，基本は表情の観察である．質問による方法はそれ自身がまた新たな影響を与えることがある．また，観察それ自体が心理的圧力を与えることがあるので注意する必要がある．

④ **「人」の観察項目**

a) 全体的行動観察

分析に参加している人の態度．他のことを考えている人，書いている人，うなずいている人など．

b) 表情

分析が成功したかどうかを知る基準の一つは，分析会議終了時の参加者の行動である．特に表情を観察して，成功したどうかを判断する．実質的に分析に参加している人，参加していない人の区別をするためにも表情を知ることが必要である．

分析において発言を控えることがあり，真実を明らかにするために発言を促すことが必要になることがある．その際の重要な技術の一つが，質問や疑問，意見があるかどうかを表情から観察し，察知できることである．

c) 感情の表出

感情は目，特に瞳孔に出るので，目を見るのが人の観察の基本である．

d) 呼吸

集中しているかどうかは呼吸でわかることもある．睡魔が襲っているか興奮状態にあるかも呼吸に現れることがある．攻撃体勢にあるか防衛体勢にあるかどうかでも呼吸に違いが出ることがある．

(3) 比　較
1) 比較の重要性

知見を得る基本技術は比較である．比較によって対象の特徴がわかる．病気かどうか知るための基本は，正常な状態の理解である．経営・管理においても，正常な状態について知識があるかどうかが，適切な分析ができるかどうかの鍵である．分析方法としても，正常な状態との比較が重要である．そもそも，問題は，基本的に(価値)基準との比較によって良い・悪いが決まり，問題として扱うかどうかが決まる．

問題を発見したり原因を知ったりする際には，観察が基本であるが，この観察の際に「比較対照」という視点を持って行わなければ，有効な観察とはなり得ない．「みる」，「きく」の深さについては前述したが，この深さを決定づける一つが「比較」である．比較は相違と類似の認識につながり，さらには区別につながる．認識の基本が区別であるなら，比較が認識の基本技術であること

は明らかである．

2) 比較法の種類

比較には対照するものによっていくつかのタイプがあり，状況によって使い分けることが必要である．比較技術には以下のようなものがある．

① 同じカテゴリに属する二つのものの比較（一対比較）

差異を知る方法の一つは，同じ分類に属するものの比較である．結果を生む要因がほとんど同じであることを利用して，結果に差異がある二者を比較することによって，差異をもたらす要因を知る方法である．改善の基本はこの方法である．

② 標準との比較

問題かどうかの検証・保証のために標準と比較する．定量的であると比較そのものは容易だが，意味ある発見には，内容の比較も重要である．

③ サンプルやモデルとの比較

標準・基準はないが平均や代表がある場合，これらサンプルやモデルと比較する方法である．原因分析においては人の行動の分析が必要なことがあるが，この場合には，標準的サンプルやモデルとの比較を行う．

④ ライバル・ベストプラクティスとの比較

競争優位要因の発見のために，最善と比較する．

⑤ 目標・計画値との比較，価値基準との比較

原因分析のためでなく問題発見のための比較である．価値基準の例として，事業の満足度，顧客満足度，従業員満足度などの評価基準がある．

⑥　**自身あるいは自組織との比較**

歴史的比較，事業特性による比較，事業環境による比較，変革による影響範囲の比較・影響されない範囲の比較などがある．

3）　変化・推移・経過

時間という軸を導入して行う比較が「変化」である．ある時点で何が変わったかを知ることにより，問題の原因を洞察できる．その時点に何が変わったかという観点で状況を調査する．このことにより，問題の本質，原因に肉薄できるチャンスが生まれる．

「変化」を知るために，時間の経過とともに事態がどのように推移したかを把握することが必要になる．経過を知ることにより，分析対象の時間的変化，ある結果に至る経緯がわかる．「前に起きたものは，後で起きたものの原因，誘因である可能性がある」という見方で考察することにより，問題の原因を考察できることがある．変化・推移・経過をとらえる視点としては以下のようなものがある．

①　劣化型変化・推移：分析対象の経時変化に着目する．例えば，劣化，陳腐化，風化，汚染など．
②　環境条件の変化・推移：環境条件の変化に着目する．接続される端末の数，組織の変更など．
③　思考内容・思考方法の変化・推移：考えた内容や思考方法がどのような経過を経たのかを知る．

(4)　質　問
1）　質問の重要性

人の記憶以外に有効な他の記録がないとき，記録はあるがその詳細，背景，理由，根拠などを知りたいとき，事象そのものは把握できているがその技術的意味などが不明で確認したいときに，面談し質問することによって必要な情報を獲得しようとすることがある．人の記憶を呼び戻すことによって情報を獲得

し，対話を通じて真実に迫る方法である．開発プロセス，思考プロセス，人間関係，マネジメントシステムなどに潜む問題を明らかにする上で重要な原因分析の要素技術である．

質問は人間相手であるだけに，真実を極めるという点で注意が必要である．一般的には，以下のような点に留意する必要がある．

① 誘導尋問はしない．
② 上級者は過去の経験から原因をきめつけやすいので注意する．
③ 論理の飛躍に注意する．この防止のためには質疑の論旨を図解し論理の抜けを防止する．
④ あらゆる回答に有力なヒントがあるかもしれないことに留意する．論旨から外れたように見える回答についても別紙にメモをして，質問が途切れた段階で吟味する．
⑤ 対策を急がない．分析が進まなくなる恐れがある．質問と回答は分析行為であり，内向的な行為である．内向的行為の途中で対策などの外向的行為を行うと思考が乱れて分析が深まらない．
⑥ 上司の問題についても解明する．これを避けると，回答者の心理に乱れが生じて分析が深まらない．

2) 質問で何を行うか

「人」から何か聞き出そうとするとき注意しなければならないのは，本能，願望，意図などにより行動，応答が変わることである．そのため，単純に問いを発するだけでは事実を知ることは難しい．ときには，回答者が質問者の期待に合わせる現象が起きて，結果的に質問者の期待する回答へと誘導してしまうことがある．

① 質問の手順：なぜなぜ問答における基本的な質問技術

質問の場の設定のねらいや目的によって，その方法や手順は変わりうるが，基本的には次のように行う．

a) 質問の主題を決める．
b) 質問の対象者が知っている範囲を確認する．
c) 明らかにしたい内容を確認する．
d) 主題を伝える．
e) 「間」を置く(重要な質問技術の一つ)．
f) 相手が発言するかどうか観察する．
g) 発言しない場合には，質問内容を決める．
h) 質問する(質問する際に，詰問・批判と受け取られないよう注意する)．
i) 「間」を置く．
j) 相手が発言するかどうか観察する．
k) 発言しない場合には質問内容を決める．
l) 質問する(繰り返し)．
m) 回答がある場合には，回答内容を理解する．
n) 回答内容によっては，相づちを打つ(重要な質問技術の一つ)．
o) 回答内容によっては，相手の回答を反復する(質問技術の一つ)．
p) 回答内容によっては，その内容を確認する(ぼかした回答に対してなど)．
q) 確かめたい内容を質問する(5W1Hなど)．
r) 「間」を置く．
s) 相手が発言するかどうか観察する．
t) 発言しない場合には質問内容を決める(繰り返し)．

このように質問においては，観察と「間」が重要である．質問によって得られる情報は，質疑の進展に大きく左右される．質疑の流れによっては，回答者は言うべきことを言わずに済ますこともある．そう読みとれたらその場でさらに聞き出すか，あるいは面談の機会を別途作る．

質問においては，単に回答を聞きとるだけではなく，回答からその背後にある回答者の心理を知ることも重要である．回答を聞いて，そのニュアンスから

心理を推測することにより，その後の質問を変えることが必要である．

② **質問における観察**

観察により，次の項目について知る．
- a) 質問が理解できたかどうか．
- b) 質問している項目以外に要因が隠れているかどうか．
- c) これ以上の質問を嫌っているかどうか（プライバシー，禁忌事項など）．
- d) 表情を見て回答が本音かどうか．
- e) 不適切な質問により相手を誘導してしまったかどうか．
- f) 回答者自身が真理を発見できたかどうか．"悟った"かどうか．
- g) 質問による分析が終了したとき，その結果の善し悪しを判断するために表情を見て判断する．

回答者が"悟った"ときは，成功した分析であるといえる．悟ったとき，頭で理解したとき，理解できなかったときの表情の違いを観察しなければ成功は得られない．深層心理レベルで悟ったときには，風呂上りのような透明感のある表情に替わり，本人は清々しい気持ちになることが多い．理性の範囲でしか悟れなかった（理解できなかった）ときには，感動の少ない表情になる．

③ **質問による影響**

質問による状況把握，分析においては，対象が人であるゆえの難しさを理解する必要がある．人を対象に分析する場合には分析する方法や技術によって得られる結果がかなり異なることがある．回答者側が，分析の結果生ずる影響を考慮して，意識的，無意識的に脚色などを行うことがある．その原因の一つは防衛本能である．

質問の過程で脚色などが鮮明になってくることがあるが，これは回答者の表情や表現の注意深い総合的観察によってある程度は見抜ける．「みる」と同様に「きく」ことから，「察する」ことができるということである．

上司による質問，権威ある人，あるいは影響力のある人からの質問に対して，正直に正確な内容を回答するとは限らない．回答内容は，回答者の価値観や気質によっても異なる．出世欲のある人や，厳しい上司の下にいる気の弱い部下の場合には注意が必要である．教育ママに育てられた素直な人にも注意が必要である．このため，質問者としては，上司やリーダーよりも他部門の経験者，専門家としてのTQMの推進担当者，あるいは分析の専門家・指導者のほうが望ましいことがある．

3) 質問のタイプ

「質問」には，その目的に応じて，以下に述べるようないくつかのタイプがある．

① 人の記憶を呼び戻し，原因を知るための質問

資料があれば資料をみて，焦点となる場所や時間が特定されていればその場所，時間をイメージして質問する．

例：「障害発生．その原因の一つは不注意による見逃し」に対する質問
　質問：どの工程の，どの作業をしているときですか？
　回答：詳細設計のセルフチェックです．
　質問：その作業の状況はどの資料をみればわかりますか？
　回答：A処理で，この資料です．
　質問：どのようにセルフチェックをしましたか？
　回答：特別なチェックリストは使用していません．ただ「なんとなく」です．
　質問：どの部分にどのくらいの時間をかけてチェックしましたか？
　回答：処理の始めの部分から順に見ました．
　質問：一度だけですか？
　回答：何度も見ました．
　質問：どのように見ましたか？（チェック方法を使い分けましたか）

回答：特定の処理が誤りやすいのでその部分を丁寧に何度も確かめました（記憶）．

質問：OK でしたか？

回答：見るたびに OK で安心しました（記憶）．（気が緩み）その直後の簡単な部分を見逃しました．

　結果として，「チェック方法が同一であり，チェックの時間をかけても有効ではないことに気がついていない．チェックリストの有効性の再教育が必要．上司の側の指導も問題だった」ことがわかる．

② 「疑問解明型」質問

　回答に対して，あるいは問題に関して疑問があるときに，それら疑問を解明するために質問する．理詰めに質問するが「問い詰め」にならないように留意する．

　例：「障害が起きた理由は担当者のケアレスミスでした」との回答に対する疑問の解明

質問：先の分析資料によると，原因は担当者のケアレスミスであるとなっていますが，確認をさせてください．

回答：何か疑問があるのですか？

質問：担当者の A さんにしては珍しいケースだからです（誉めつつ質問する）．

回答：当人を呼びましょう．

質問：いつもは問題を起こすことのないあなたが問題を起こしてしまった理由が知りたいのです．当日の行動を思い出してください（誉めつつ質問する）．

A さん：不注意だったのですが．

質問：通常のやり方と違いがありますか？

A さん：通常の手順と今回の手順との違いはないのですが，終了したあとで確認が漏れました．

質問：確認が漏れることがあるのですか？
Aさん：納期が迫っていましたので，確認せずに次の工程に渡しました．
質問：納期が迫っているときには，いつでも確認をしないのですか？
Aさん：そうではなく，この場合は別の課題を抱えていて，その件で顧客から質問されていたのです．
（以下略）

この問題の原因が「ケアレスミス」に帰着してはいけないことは明らかである．このあと，別の件で頭が一杯であるとき，なぜ次の工程に渡してしまったか，さらにAさんの心因を聞き出す必要があるだろう．それはAさんの価値観（質よりとにかく納期優先）の問題であるかもしれないし，品質意識の問題かもしれないし，自工程完結の原則がわかっていないからかもしれないし，はたまた上司の督促に従ったのかもしれない．

③ 「確認型質問」
事実を確認するときなどに行う．質問と同時に，事実を知るために文書などを調べることが多い．
例：「レビューを実施したが漏れた」に対して
質問：AプロジェクトのB工程でのレビュー漏れについて質問します．
回答：承知しました．
質問：レビューをされたのですか？
回答：レビューしたことはしたのですが，漏れてしまいました．
質問：レビューしたときの記録はありますか？
回答：記録はこれです．
質問：（記録を見て）出席者は3人ですか．
回答：そうです．
質問：レビュー時間は2時間ですね．対象ドキュメント量は360ペー

ジですね．
回答：そうです．
質問：平均，1分に3ページですね．
回答：そうです．
質問：チェックリストは使用されましたか？
回答：使用したのはこのチェックリストで36ページあります．
質問：このチェックリストを使用したレビューの詳細な手順を説明してください．
回答：詳細といってもどの程度説明すればよいですか？
質問：レビューの基本形として，1ページごとにすべてのチェック項目をチェックしたのですか，あるいはチェック項目ごとにすべてのページを確認したのですか？
回答：どちらかといえば後者です．
質問：（どちらかといえばと言ったので，方法について疑問を感じて）実際のドキュメントとレビュー用チェックリストを用いて再現してみていただけませんか．
（以下略）

これ以降に，レビューのプロセスにおいて，どんな方法で，どんな手順で，誰が，どんな価値観を持ってレビューを実施したのか，漏れた原因は技術基盤の問題なのか，レビューのやり方・指導方法の問題なのかなどが明らかにされなければならない．

④ 論理的討論あるいは真因を究明するための質問

深みの不足している一応の"こたえ"の妥当性を確認する，もしくは対象となっている領域に関する筋の通った論理を構築する．

例：「顧客の仕様が変わったので障害が起きた」に対して
質問：顧客の仕様が変わったので障害が起きたということですが，確認をさせてください．どの仕様の部分ですか？

回答：この画面です．
質問：仕様変更前と仕様変更後の違いを資料で説明して下さい．
回答：仕様変更前はこの1枚でしたが，仕様変更後にこの3枚になりました．
質問：その3枚の違いは何ですか？
回答：項目も，位置も違います．
質問：用途の違いがあるのですか？
回答：得意先が違うのです．Aスーパー向けと，Bスーパー向けとCスーパー向けです．
質問：変更前は，得意先によって画面を変える必要はないと考えていたのですか？
回答：結果的にはそうと言えます．
質問：「結果的に」とは，どのような意味ですか？
回答：画面のフォーマットを決めるときに，「どうしますか」と顧客の担当者に聞いたところ，変更前のフォーマットを示されました．
質問：その際に，顧客の得意先について聞いたのですか？
回答：全く聞いていません．考えもしませんでした．
質問：仕様変更の際に，顧客は変更理由について何と言っていましたか？
回答：先の仕様はAスーパー向けでしたので，他の得意先であるBスーパー，Cスーパー向けの仕様も提示します，と言われました．

　　　（以下略）

　障害が起きたのは，「顧客の仕様が変わった」のが原因ではなく，顧客の仕様に関わる事項のうち，得意先がAスーパーのみの1種類しかないと思い込んでいたことにある．

⑤ 「あいづち型質問」

相手の言ったことを否定せず，追及を表面に出さず，「あいづち」を打ちながら，必要な情報を得る．基本的には相手に語らせ，質問者は洞察力鋭く背後要因を探る．ときに質疑の過程で得られた仮説を確認するための質問もはさむ．表面的には，相手の言ったことを繰り返しているだけのように見えるが，質問者の頭の中はフル回転である．

 例：「リリース後に障害が出た」の分析の場面で
  回答：リリース後に障害が出ました．
  質問：リリース後に障害が出ましたか．なぜなのか分析してみましょうか．
    分析の対象はどのようなバグですかね．
  回答：性能問題です．
  質問：性能問題ですか．どのような性能問題ですか？
  回答：接続されている端末が 200 台を超えたら性能が急速に低下しました．
  質問：端末数の増加による性能低下というと，応答性能ですか？
  回答：そうです．
  質問：接続されている端末数の増加による性能の低下ですか．200 台を超えたら発生したとのことですが，ある程度は想定されたことですか？
  回答：200 台を超えて使用するとは思っていませんでした．
  質問：想定外ですか．仕様上端末台数はどうなっていたのですか？
  （以下略）

「なぜなぜ」と問いつめられるより，はるかに話しやすい．自分の見解はひとまずは否定されないので，ついついいろいろ語る．もちろん正しくないことも話すが，自分で語るうちに，自分で問題に気づいて，質問者の思いも及ばないことまで語るかもしれない．

⑥ 間を置く

芸道，落語や漫談など日本のコミュニケーション技術の一つに「間」がある．相手が反応する時間を与えないと一体感は生まれない．次々と質問すると不満が残りやすい．

間を置くことで回答者が異なる意見を言う機会が与えられ，考える機会が生まれることで，深層に隠れていた要因が意識に浮かび上がることがありうる．質問者も「間」を置くことで観察を行うことができる．

⑦ 「構造モデル」を用いた質問

問題の発生に至る構造や背後要因を明らかにする．優れた質問をするためには，質問者は，その種の問題の発生メカニズムに関する一般的な構造に関する知識を持っていなければならない．その方法の詳細は第3章以降で説明する．この構造モデルを利用して，解明すべき内容に関する「漏れ」が確認でき，当を得た分析が可能となる．

4) 質問の内容
① 質問項目
実際の質問では下記の内容を質問することが基本である．

a) 複合文の分解：回答が複数の文から成り立っている場合には分析の漏れが生じ易いので，単文に分解するための質問をする．

b) When, Who, What：回答内容を誤解なく理解するために曖昧さをなくし，いつ，誰が，何をしたのかを明確にするための質問をする．

c) 推定・仮定，事実の区別：日本語による会話の場合には語尾に推定・仮定，事実の区別がくるので，注意して聴く必要がある．また曖昧であれば確認し，推定・仮定，事実の区別をするための質問をする．

d) How：「どのように」やったか，どのように考えたか，その方法を聞く．

e) プロセス：どのように実施したかについての事実関係を知るために，

実施手順，プロセスについて確認する．
f） Why：あることを実施した，あるいは考えた理由を聞く．ただし，「なぜか」を聞くのは，上記の質問によって，事実関係が曖昧さなく把握できてからである．
g） 比較：何かと比較対照しこれに基づく質問をする．
h） 変化（事前，事後）：ある時点の前後の変化に着目した質問をする．

② **質問の漏れのチェック**

質問の漏れをチェックするには，以下の点に注意するとよい．
a） 現物を見ながら行う
b） はじめは全員で経験を積む
c） 慣れたら当人が事前に分析する
d） 論理を図解する（詳細な分析を行う場合）

論理の図解とは，分析対象を構成する要素の列挙を構造化し，図や表にすることである．因果関係，項目の展開，順序，複合要因（and，orの条件を含めて），時間的経過，2つ以上の観点のクロス表などの視点から，系統図，FTA，連関図，経過図・表，クロス表などで表現する．

③ **質問の検証**

質問及びそれに対する回答によって得られたことのうちには仮説が多い．事実関係や論理について検証しないと，誤解や抜けが入り込みやすい．検証の要点は，質問と回答の流れ（詳細化する，原因を解明する，といういわばトップダウン方向）と逆方向の観点で行うことである．詳細化，具体化，展開の場合には，下位の要素の合成が上位に相当するかどうか検証する．因果関係であるなら，候補としてなっている要因から結果が得られるかどうか検証する．特に，確実性に注意する．確実に生起しないとみなされる場合には，他の要因が隠れていることが多い．

例えば，3）の②（p.87）の「いつもは問題を起こすことのないあなたが問題を

起こしてしまった理由が知りたい」という質問は,「間違えた」という回答に対して,いつも間違えるのかという疑問から生ずる質問であり,特別な環境条件を発見できることがある.

④ 質問の終了条件

質問は「なぜなぜ」を5回繰り返せば終了してよいというわけではない.基本的には要因が明確になるまで行う.しかし質問を延々と続けるわけにはいかない.どこまで行うかについては以下の配慮が必要である.

a) 質問の目的を達成できたとき
b) 質問によって,これ以上有益な情報が得られないと判断されるとき
c) 環境条件や制約条件の問題になったとき
d) 個人の内面的な問題,過去の問題になったとき

これらは,組織の風土,社会の禁忌によっても異なるので,異文化の組織を相手に質問を行うときには注意が必要である.

［参考文献］
1) 新村 出 編(1991):『広辞苑 第四版』,岩波書店.
2) 飯塚悦功(2009):『現代品質管理総論』,朝倉書店.

第3章

構造モデル

はじめに

(1) 意　図

　第1章で，そして第2章でも繰り返し述べているように，効果的な問題解析，切れ味鋭い原因分析を行うためには，そのための優れた思考プロセスの原則を理解し実施するだけでなく，対象とする問題に固有の知識が必須である．すなわち，問題そのものの構造(問題の種類・類型，問題を構成する要素とそれらの間の関係など)，問題発生の因果構造(問題の発生原因，見逃し原因，拡大原因の構造)に関する，問題領域固有の仮説モデルが必要である．

　これら問題に対する固有の知識や固有の仮説モデルの成熟度が，結果として，原因分析を実施する者の分析能力として現れる．その典型は，分析不足により然るべき原因を特定できないとか，そもそも問題構造の上位の階層で想定すべき原因が欠落してしまうなどである．

　品質マニュアルに記述されているレベルでのシステムやプロセスの不備，技術マニュアルの記述や技術教育の受講で知っていたが遵守しなかったことが主要な原因である場合には，現実の実施状況と，本来のあるべき姿(品質マニュアルに記述された品質マネジメントシステムモデル，技術マニュアルに記述された技術内容，技術教育で習得すべき技術内容など)と比較対照すれば，何が問題か，何が原因でありそうかは，当事者にも原因分析者にも比較的容易にわかる．

　しかし技術マニュアルや教育受講もなく，技術やマネジメントの課題を知らず，課題解決のためのプロセスやプロセスで必要な技術・知識を知らないと，効果的な原因分析ができない．こうした問題構造，原因構造に対する基本的な知識がないと，原因分析で「なぜ」と問われても当事者には原因はわからない．原因分析者が，あるべき姿と課題解決のモデルを知っていて指摘しないとわからない．的確な原因分析を行うためには，原因分析者は，目的を達成するためにどのようなものでなければならず，またどのようにしなければならないかの定石，あるべき姿を知り，またどのような問題は起こりうるか，それらの

問題が起こる一般的な因果関係のモデルを持っていることが望ましい．

ハードウェア単体の物理・化学現象に関わる問題の場合，要因は200〜300程度で済むことが多いので，その原因構造を特性要因図の形で理解していれば役に立つだろう．ソフトウェア開発の品質問題は，データ，処理の論理，さらに人と組織が要因に含まれるため，ときに1,000に近い要因にもなりかねない．構造としては特性要因図と同じだが，知識の整理のためには特性要因系統図が適しているだろう．ソフトウェアを内蔵しているシステムの場合は，より多くの要因があるため，特性要因系統図でも全貌がわかり難い．そのため図解が必要になるが，本書では「構造モデル」(仮説として設定した特性と要因の構造についての知識の体系を以下では「構造モデル」と呼ぶ)表現を用いて仮説を提示する．本章では，原因分析者が有すべき，そのような構造モデルをいくつか取り上げて説明したい．

(2) 内　容

本章では，業務の質の差が生じてしまう，次のような主要項目の構造モデルを記載してある．

構造モデルの構築を含めて組織のプロセス資産が構築不足しているため，組織能力が不十分なことが多い．そこで，組織のプロセス資産を構築するための「仮説知識及び組織のプロセス資産構築」の構造モデルを3.1節に示す．なお，この構造モデル構築に関連した専門分野には失敗学がある．

品質問題が慢性化してしまう代表的な要因として，担当者だけではなく，管理者個人，及び組織で自律性が欠けていることがある．自律性の不足に関連した「組織及び個人の自律性」の構造モデルを3.2節に示す．この構造モデルに関連した専門分野には教育学，心理学，行動科学などがある．

マネジメントプロセス関係と製品実現プロセス関係に分けて構造モデルを記載する．マネジメントプロセス関係ではマネジメントシステムに問題がある場合とマネジメント技術に問題がある場合がある．「マネジメントシステム」の構造モデルを3.3節に示す．この構造モデルに関連した専門分野には品質保

証，特に JIS Q 9005 がある．また，「マネジメント技術」の構造モデルを 3.4 節に，「問題解決」の構造モデルを 3.5 節に示す．

製品実現プロセス関係はプロジェクト関係とそれ以外の業務に分けて記載する．プロジェクト関係については，仕様を決める段階とそれを実現する段階に分けて記載する．「製品サービス提供における企画・要求仕様の品質マネジメント」の構造モデルを 3.6 節に，「製品サービス提供における設計・検査の品質マネジメント」の構造モデルを 3.7 節に示す．それ以外の業務の要因については，「業務品質」の構造モデルを 3.8 節に示す．

さらにプロセスアプローチの観点からの共通事項として，3.9 節で「プロセス保証」の構造モデルを示す．

（3）記載方法

以下の節では構造モデルを図解し，原因分析において要因となる可能性のある項目について項目番号をつけ，補足説明を記載している．必要に応じて関連する専門領域や探索した主要な文献の例を記載する．

（4）読み方

原因分析者が暗黙知，あるいは知的資産として持っている特性要因図，チェックリスト，さらに技術マニュアル・マネジメントマニュアルと照合して，原因分析者はプロセス抜け，検討不足，誤りを見つけている．以下に記載する構造モデルとそれらの方法との違いを理解すると読む際の要点がわかる．

特性要因図を作成してみると，同じ要因が複数の箇所に出てくることがしばしばある．その代表的な要因が資源の運用管理要因群であり，プロセスマネジメント要因群である．人的資源の運用管理の要因にはさらに人々の力量要因があり，それが上流，中流，下流の各工程での共通要因になっていることがある．このことから要因の構造は階層構造になっていることがわかり，さらにネットワーク構造になっていることがわかる．構造モデルに記載されている「→」には階層構造，あるいはネットワーク構造を示していることがある．関

係を記載すると特性要因図や特性要因系統図のような樹形にはならないことを読み取って欲しい．

チェックリストはプロセスの欠落や検討不足に気づくための知的資産として有効であるが，チェックリストを作成してみると，技術マニュアル，あるいはマネジメントマニュアルと同様な記載順序になることに気がつく（米国の先端企業でのDRチェックリストは検討順序通りであった）．

構造モデルに記載されている「→」には技術マニュアル，あるいはマネジメントマニュアルでの検討順序を示している場合があることを読み取って欲しい．

(5) 活用方法

構造モデルは原因分析において分析の視点が欠落していないかどうかを検討する際に活用できる．しかし，すべての要因について改善対象にすることは推奨しない．改善，革新及び学習は地道な積み重ねであり，JIS Q 9004「表A.1 主要要素の自己評価―主要要素に対する成熟度レベル」に記載されている項目すべてにおいてレベル5は短時間ではできないし，JIS Q 9006「質マネジメントシステム―自己評価の指針」に示されているレベルも短時間ではできない．改善・革新・学習がどこまで進んでいるか（組織の成熟度ともいう）によりどれを改善対象にするかは異なるが，5項目以下に絞ることを推奨する．

構造モデルを組織として蓄積し活用することにより，次のような効果を期待できる．

- 問題発生構造の仮説を提示しているので，発生した問題の効果的・効率的な原因分析に活用できる．
- 慢性的問題の解決のために，技術，マネジメント，人，文化に関わる深く包括的な考察を促すので，核心をついた品質診断に活用できる．
- 問題の発生の仕方に関する知識の整理になっているので，様々な場面において，改善・改革，技術課題解決に活用できる．
- 問題の予測と予防の視点を与えるので，未然防止に有効である．

読者自身がさらに構造モデルを改訂することを推奨する．改訂のために要因を知る方法には失敗から学ぶ方法，成功から学ぶ方法(ベストプラクティスアプローチ)があるが，これらの経験から学ぶだけでは限界がある．さらに専門分野の研究成果から学ぶことが有効である．人と組織については行動科学，心理学，社会学，経営学，比較文化論・多文化マネジメント，経営学などの理論から学ぶことによって，それぞれの分野における先人が経験から抽出し体系化した，構造化本質知を知ることができる．

3.1 「仮説知識及び組織のプロセス資産構築」の構造モデル

構造モデルが組織として蓄積されていると原因分析をはじめ，品質診断，改善・改革，技術課題解決，マネジメントの際により有効な解決が図れ，さらには未然防止することができる．組織のプロセス資産の重要な項目である仮説知識及び組織のプロセス資産構築の構造モデルの構築，活用改訂方法を説明する(図 3.1)．

① 「経験知の蓄積」

製品・サービスの提供及び業務遂行を行う経験で得られたプロセスごとの経験知を組織の知的資産として蓄積し活用することが，再発防止，未然防止の基礎である．これらの知識には，課題設定のための課題の体系，問題発見のための問題の体系，分析・診断のための課題・問題と要因の関係の知識(因果関係知識)，技術課題解決，マネジメントのための要因の解消あるいは適応の対策・解決策の知識が含まれる．

本章の 3.2 節から 3.9 節において説明している構造モデルは，原因分析，品質診断，改善・改革，技術課題解決，マネジメントの実践と指導の過程で得た経験知を基に，図 3.1 に示した構造で継続的に改訂を続けている内容である．

② 「仮説の設定」

製品・サービスの提供及び業務遂行の方針指示に従って計画を立案し，製品・サービスの提供及び業務遂行を行っても，組織の利害関係者のニーズ・期

3.1 「仮説知識及び組織のプロセス資産構築」の構造モデル

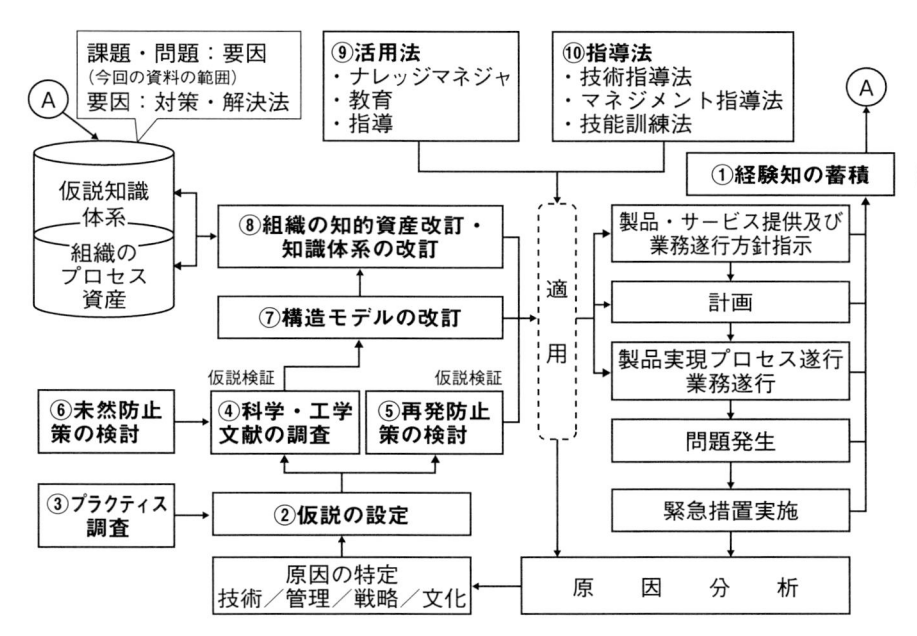

図3.1 仮説知識及び組織のプロセス資産構築構造モデル図

待に適合しない様々な問題が発生することが多い．問題発生に対処するために緊急措置を実施し，再発防止・未然防止のために原因分析を行う．

原因分析のための仮説設定の例を次に示す．

新しい技術課題に挑戦しようとせず，経験し熟達した課題に取り組もうとする行動傾向の技術者が存在する(問題事例)．このようなリスク回避行動の原因には過去の経験，自意識などがある．それに対して課題に挑戦し，達成しようとする技術者も存在する(成功事例)．これらの構造を分析することにより「組織及び個人の自律性」についての構造仮説を立てることができ，その構造仮説から自律的に機会に挑戦し，課題を達成し，目標を達成して問題を解決できるための知識を得ることができる．

商品開発においても顧客の期待と合わずに売れないことがある（問題事例），その逆に顧客が感嘆することもある（成功事例）．これらから「製品サービス提供における企画・要求仕様の品質マネジメント」の構造モデルを立て，持続的に価値を提供するための知識を得ることができる．

同様にマネジメントの問題事例や成功事例から「マネジメントシステム」についての構造仮説を立て，持続的に成長できるための知識を得る．プロジェクトでの問題事例や成功事例から「プロセス保証」についての構造仮説を立て，目的達成型行動での保証漏れを防止するための知識を得ることができる．

例えば，レビューでの問題事例から品質保証漏れを防止するための知識を得ることができる．セルフチェックで漏れが発生した場合でも，その個人の固有の行動習性として処理するだけではなく，心理学や教育学での行動類型理論と照合し，一般的な行動習性の一つと認識することにより，他の行動類型の個人に対しても適合したセルフチェックの指導ができるようになり，幅広く未然防止することができる．この場合は教育における行動類型理論が企業内の行動にも適用できるという仮説を設定している．

原因分析で得られた原因は当該分析対象固有の原因として断定し，再発防止・未然防止するだけではなく，一般化して，要因の仮説を設定し，幅広く適用する"一を聴いて十を知る"ことが効果的，効率的である．

③「プラクティス調査」

特定の組織や個人の経験から学ぶだけではなく，海外を含めて社内外のプラクティスも仮説知識として有効なことがある．例えば，プロジェクトマネジメントの知識体系，プロセスの成熟度モデル，そしてマルコムボールドリッジ賞のチェックポイントなどもプラクティスの例である．

自身の業務のプロセスを詳細化し，プロセスで必要な課題を知っていて他社の事例を聴くと，課題や多くのプラクティス項目を得ることができる．例えば，シックスシグマ法を聴いて，10^{-6} レベルでの妥当性確認の方法を知ることができる．さらにそれ以上の高度な安全性問題への適用課題があることがわかり，10^{-8} レベルの妥当性確認方法の仮説知識を得る．実際に日本でシック

スシグマ法を適用しようとすると，日本の科学技術での安全性実績水準は，外国からの購入品が多い飛行機事故ではなく，国産の新幹線での安全性実績が基準になることが察知でき，さらに分析すると隠れた課題(超大型台風や大規模地震対応)も察知することができる．

④「科学・工学文献の調査」

　設定した仮説に関連した知識や技術が既に科学・工学分野で確立していることがあるので，関連分野の文献を調査する．キーワードを選び，図書館などで図書検索を行い，候補図書が絞れたら図書分類コードを調べ，開架式の書架に行き，該当分野の書籍群を速読し，求めている知識・技術に合致した図書を選び，さらにその図書を精読し，参考文献を調べることにより，関連分野と図書を探索できる．

　探索した主要な文献の例を記載する．

- 3.2 節「組織及び個人の自律性」の構造モデルでは，櫻井茂男の『自ら学ぶ意欲の心理学』[1]．
- 3.3 節「マネジメントシステム」の構造モデルでは，JIS Q 9005「質マネジメントシステム―持続可能な成長の指針」[2]．
- 3.4 節「マネジメント技術」の構造モデルでは，孔子の『論語』[3]．
- 3.6 節「製品サービス提供における企画・要求仕様の品質マネジメント」の構造モデルでは，プレスマンの『実践ソフトウェアエンジニアリング』[4]．
- 3.8 節「業務品質」の構造モデルでは，原子力規格委員会 JEAC 4111-2003「原子力発電所における安全のための品質保証規程」[6]．

　関連分野探索結果からすると，社会科学系の専門分野は人や組織の行動を理解するのに有効である．その他の関連分野としては，品質管理学，経営学，心理学，社会学，文化人類学，行動科学，機械工学，制御工学，電子工学，電気工学，ソフトウェア工学，システム工学などがある．要求仕様書の文章の記載方法については言語学の知識が有効である．

⑤「再発防止策の検討」

　改善活動において原因が特定された段階で再発防止策を検討するように，組織のプロセス資産構築の場合も仮説を設定した(他の専門分野の理論が有効であることに気がついた)段階で，その仮説が有効でリスクを発生させない(弊害がない)とわかれば再発防止策として適用を検討し，試行する．

　例えば，開発業務で部下に要求仕様書を渡し，設計するように指示したところ，要求仕様書の内容を理解していなかった．その結果，設計漏れが発生した．原因は担当者の耳からの受容能力が低い能力類型であることを理解せずに"口頭"指示をしたことにあった．関連領域を調べたところ，小学生用の教師向け資料に，教師が変わったら理解力が変化した事例が記載されていた．教師の教え方が，口頭で，読ませて，話させて，書かせて教えるかどうかで生徒によって効果が異なる．その知識を知っていると成人でも同様な事象が発生していることが観察できる．このことから部下によってどのような指示を行えばよいかがわかり，再発防止できる．この事例の場合，再発防止を行うのは指示を受ける側の技術者側ではなく，指示する側に対してマネジメントサイクルの項目の1つであるオリエンテーションの方法を指導する．特定の相手に指示する際は，相手の能力特性を予め知っておき，口頭で，読ませて，話させて，あるいは書かせて教える．多数の相手に指示する際には，優れた教師のプラクティスを適用して口頭で説明し，文章を読ませ，話させ，書かせる．

⑥「未然防止策の検討」

　本章で3.2節以降に記載する構造モデルは原因分析のための仮説知識だけではなく，未然防止のための業務マニュアルの項目でもあり，チェックリスト項目でもあり，また診断項目でもある．技術及びマネジメント教育の教材としても使用でき，構造モデルを用いたその教育は医学での病理学の教育に相当する．

　前述した業務指示方法の例では，マネジメント教育での対人関係能力教育科目で業務指示方法を教え，実践訓練するよう教育マニュアルを改訂する．さらにマネジメントサイクルでの"Do"の段階でのオリエンテーションマニュア

3.1 「仮説知識及び組織のプロセス資産構築」の構造モデル

ルを改訂し，対象者を指導する．

技術対策がすぐに実行できるのは，知っていて，実行できるはずのことを行っていなかった場合である．開発業務ではプロセスでの技術課題を知らない，技術課題は知っているが技術課題の解決技術法を知らない，あるいは技術課題の解決技術法を知っているが訓練不足・経験不足で適用するのに時間がかかりすぎるなどがあり，これらすべての未然防止策を短時間で実行することはできない．地道に技術開発を行い，技術マニュアルを作成し，技術マニュアルに基づいて教育し，訓練し，技術指導者を育成し，技術指導者の役割を定義し，技術指導が実行されるよう技術のマネジメントを行うことが必要になる．

マネジメント対策は，技術・対策よりもさらに知っていることと実行できることの格差が大きいので短時間では達成できない．短期間で行うと内容を理解せず形式的になり，未然防止策にはならなくなる．

例えば，プロジェクトの納期直前が品質問題が発覚し，その原因が外部から入手した特定のソフトウェア部品の品質が問題だった場合に，開発者が特定され障害に対して対処してくれるのであれば対策は容易である．しかし，フリーソフトウェアなどや相手が特定されても対応してくれないのであれば，再発防止策としては，そのソフトウェアを使用せず自主開発するか，外部から入手した部品については回避策を事前に検討することである．この場合，JIS Q 9005「質マネジメントシステム—持続可能な成長の指針」での「8. 経営資源の運用管理」における「8.7 知的資源」が未然防止策の対象である[2]．さらに JIS Q 9005 の「7. 経営者の責任」における「7.4.2 質方針の展開」に記載されている「d) 経営資源の確保」が未然防止策の対象である[2]．しかし，JIS Q 9005「質マネジメントシステム—持続可能な成長の指針」での「8. 経営資源の運用管理」や「7. 経営者の責任」は概念を理解できても容易には実行できない対策の例である[2]．

相対的に決定する状況適応型の組織風土と，絶対的な価値観が先行する理念主導型の組織風土とでは未然防止策の実施方法は異なる．前者に対しては東洋的な孔子の『論語』に記載されている個人の成長段階を組織に適用するために

モデル化した目的達成型行動の学習過程モデルがある（3.4節「マネジメント技術」の構造モデル）．そのモデルに従うと，成長段階に対応して未然防止策も適用順序がある．それに対して経営理念を規定し，経営方針を立て，戦略を策定する方法がある．特に開発業務では技術戦略，知的資産戦略を立て，組織能力を事前に調達し運用する方法がある．これは西洋の経営学に記載されている内容であり，これも経営学を学べば理解することができるが，学んですぐに短期的に実行することは困難である．

⑦「構造モデルの改訂」

新たな仮説知識やプラクティスを発見したら構造モデルを改訂する．本章で記載する構造モデルも個人的に継続的に改訂してきた．同様に各組織で新しい仮説知識やプラクティスを発見したら，継続的にその構造モデルを改訂することが重要である．

例えば，品質問題を指導していると，仕様が変更になった，あるいは短期間開発であったなど，制約条件が原因だと言って言い訳をし，改善しようとしない人がしばしばいる．また，企業内教育を行っていると，意欲もなく，能力もない人がいて後向きの発言で他の受講者にまで悪影響を与えることがある．その原因に関連する専門分野を調査し，櫻井茂男の『自ら学ぶ意欲の心理学』を知り，3.2節の自律性に関する構造モデルを改訂した[1]．

⑧「組織の知的資産改訂・知識体系の改訂」

改訂した構造モデルを組織の知的資産に登録する．同様に専門家グループのコミュニティ資産に登録し，個人でも専門家としての個人の知的資産に登録する．

米国で作成されたプロジェクトマネジメントの知識体系には"組織のプロセス資産"が明記されているのに対して，従来，日本では構造モデルのような知的資産を組織として蓄積せずに個人が保有していた．その結果，その当人が退職すると経験知は失われ，個人が会社のPCに収集した知的資産は削除され，組織内には残らないことがあった．組織として知的資産・知識体系を蓄積する仕組みを構築することが重要である．

3.1 「仮説知識及び組織のプロセス資産構築」の構造モデル

⑨「活用法」

上記⑥で述べたように，構造モデルは原因分析のための仮説知識だけではなく，未然防止のための業務マニュアルの項目であり，チェックリスト項目でもある．また診断項目でもある．技術及びマネジメント教育の教材としても使用できる．さらに現場での指導の際にも使用できる．構造モデルを活用できるようになるためには実際に適用してみて，真似させ，指導し，評価し，改訂させることが必要である．

また，概念を知っていても知識は理解できるが，活用はできない．どの構造モデルを適用するか，どのように活用するかなど，活用方法をアドバイスするナレッジマネジャあるいは指導者を育成することが必要である．あるいは専門家同士のコミュニティを作り，相互に相談できる仕組みを構築することが必要である．

⑩「指導法」

指導は技術指導とマネジメント指導，さらに技能訓練とがある．技術の指導は知識だけではなく，現物見本を保存し，例題，演習，実務指導を行う．マネジメントの指導はタイミングが重要であり，実務指導では時期をも指導する．

9月中間決算，3月期末決算の組織では，6月のはじめに，上期の業績動向を調べ，9月までに追加予算統制が必要になるかどうかを判断し，第二四半期に予算通り予算執行するか，抑制し予算を執行するかを決定する．この場合でも景気動向によって攻めるか守るかを考慮する．8月ごろには中期計画の作成を行い，11月までに中期計画を展開して戦略を決定し，12月ごろに翌年の方針を決定し，予算編成に入る．2月ごろまでには次年度昇格者案を作成するために自律性やマネジメントについての構造モデルを参考に人物評価を行い，必要に応じて人財育成のための人事異動の根回しを行う．これらがマネジメントの指導の例である．

3.2 「組織及び個人の自律性」の構造モデル

　組織及び個人の行動習性には，機会挑戦行動，課題達成行動，目標達成行動，問題解決行動，受動的行動，及び消極的なリスク回避行動がある．

　組織が自律的行動を取れないと問題が顕在化し，業績が悪化したり，環境の変化に対応できずに衰退したりすることになる．課題を発見して挑戦したり，機会を発見・開拓して挑戦したりすることが継続的な成功の要点である．

　個人の自律性については，行動科学や教育学での研究成果がある．教育分野での個人の自律性についての研究成果である桜井茂男の説をもとに組織内での行動及び組織そのものの自律性についての仮説を立てた[1]．組織における自律性構造モデルについて以下に要点を説明する(図3.2)．

① 「過去の経験」

　過去の経験が組織及び個人の自律性に強い影響を与える．過去の経験について組織として自己評価を行わずに，次から次へと業務を遂行するだけでは，自律性は育たない．組織としての成果を明確にして評価を行うことが重要である．

　親会社や発注元など，外部からの干渉を受けて行動している場合は意欲が少なく，自信が持てないと(熟達していると確信できず，未熟であると認識していると)自律性は育たない．意欲があっても過去の経験から失敗感や無能感を持っていると自律性は育たない．成功感を持っていることが重要である．

② 「自意識」

　自意識の要因として能力像がある．能力像には，能力を意識していない無意識型，体験に基づいてしか能力を意識しない体験型，能力があると意識している有能感型，能力がないと意識している無能感型があり，さらに能力が固定的で成長しないと思っている固定能力像型，能力は成長すると思っている変動能力像型とがある．自意識が無意識型や無能感型だと受動的行動，あるいはリスク回避行動(消極的行動)になりやすい．

3.2 「組織及び個人の自律性」の構造モデル

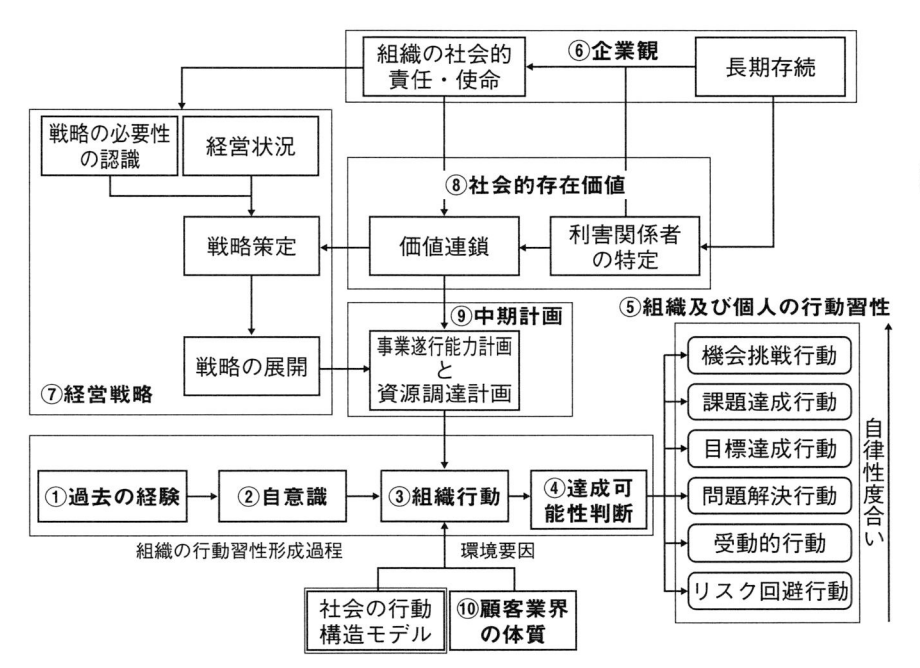

図 3.2 組織及び個人の自律性構造モデル図

③「組織行動」

組織行動には，無視，他者（上司，同僚，顧客などの関係者）からの動機づけ，自己動機づけ，及び介入（命令・指導・チェック）がある．無視する，介入，あるいは他者からの動機づけが強いと受動的行動やリスク回避行動になりやすい．自己動機づけが自律性を育てる．

[事例] 小集団活動の評価を行ったところ，上司が無視（指導も評価も何もしない）すると自律的活動にはならなかった．上司が目標設定を指導した場合でも，達成が容易な目標を与え，達成したことを評価した（ほめた）ところ，当の技術者集団は自尊心が傷つけられて意欲を失い，自律的活動には至らなかった．上司が経営上の期待から（改善ではなく改革）目標を設定

した場合は，ある程度の成果を挙げても目標に達成しなかったことから成功体験を得ることができず，無能感が蔓延し，その後の活動は自律的にはならなかった．努力すれば達成できる目標を（上司がそれとなく指導して）設定し，達成した場合，成功感を持てるようになり，自律的行動が促進された．

④「達成可能性判断」

行動を開始する前に達成可能性を判断し達成可能であれば行動する（判断型）場合と，達成可能性を判断せずに（有能感や変動能力像を持っているので）行動する場合とがある．

判断型は未熟であると判断しているのではなく，過去の経験とその時点での能力の自覚に基づいて熟達していると判断できる（自信がある）と自律的行動に向かう．なお，有能感や変動能力像を持っていると，自信の有無にはよらず，支援すれば自律性を強化することができる．

⑤「組織及び個人の行動習性」

以上のように，組織及び個人の行動習性には，機会挑戦行動，課題達成行動，目標達成行動，問題解決行動，受動的行動，及び消極的なリスク回避行動があり，自律的な行動といえるのは，達成可能性を判断してから行動する目標達成行動と問題解決行動，達成可能性を判断せずに行動するより自律性の高い課題達成行動と機会挑戦行動である．

⑥「企業観」

組織としての自律性の要因の一つに企業観がある．企業観には短期的視点と中長期的視点とがある．長期存続企業では家憲，家訓，企業理念などが明確で，企業グループ全体に浸透していることがある．企業の価値観についても複数の種類があり，企業の社会的責任にも記載されている．掲示したり，ネットワーク上に記載したりしただけでは企業観は定まらない．逸話や伝説を用いて繰り返し薫陶することが重要である．また，経営者の交代時，短期的業績重視によって長期的視点が崩れることがある．

⑦「経営戦略」

企業に戦略があるかどうかも自律性の重要な要因である．子会社の場合，親会社から受身的に経営の方針を決められることがあり，自律性が阻害されることがある．その場合でも様々な環境の変化を予測し，方向性を決め，戦略を立てることが自律性を育てるためには重要である．

受注型の事業では顧客の影響を強く受けることが多いが，その場合には自社ではなく，顧客の戦略をも自社内で検討することが自律性を育てる方法である．

⑧「社会的存在価値」

組織は利害関係者の種類とその価値連鎖の形成度合い，及びどの利害関係者の影響が強いかによって行動習性が異なる．

新入社員教育の際に価値連鎖を指導し，社会の，組織の，家庭の価値連鎖のつながりを理解させる．これがプロ意識形成の土台であり，自律性の土台である．この価値連鎖の思想に従って当該工程がどのように社会への価値提供につながっているかを具体的にプロセス品質基準として定義し，自工程完結の思想を指導する．

⑨「中期計画」

個人の場合と異なり，組織が自律的に行動できるかどうかは事業遂行能力と使用できる資源にも依存するので，組織の自律性のためにも価値連鎖と戦略に基づいて事業遂行能力計画と資源調達計画を立て，中期計画書として策定する．

⑩「顧客業界の体質」

社員，さらには役員でも人事異動後に環境不適合になり受身になることがある．その要因の一つに事業組織の体質があり，その決定する要因に顧客業界の体質がある．官公庁型事業（様々な観点で欠陥がない，漏れがないことが重要），消費者向け流通業界（競争と価格が重要），電力，鉄道，通信等の社会インフラ事業（安全性・信頼性が重要）などが知られている．

3.3 「マネジメントシステム」の構造モデル

　組織を指揮し，管理するために方針及び目標を定め，その目標を達成するために組織内の相互に関連する，または相互に作用する要素の集まり（マネジメントシステム）の構造について説明する．JIS Q 9001, JIS Q 9004を適用し，効果，効率を上げるためには少なくとも以下の事項に留意する必要がある[7), 8)]．

　グローバルに共通なマネジメントは限られている．その組織が存在する社会の特徴に基づいたマネジメントも必要である．例えば，決められたことを守らせる方法は社会によって異なり，懲罰型，規範型，状況把握（現場管理）型などがある．

　技術的，マネジメント的能力がない限り，目標を達成するには困難がつきまとう．能力の育成を図らないために問題が再発することが多い．能力を確保するための方策も社会によって異なり，日本では外部からの調達ではなく育成することが必要な社会である．しかし能力によっては育成に時間がかかるため，能力育成は着手時期の判断と育成方法がマネジメント上重要である．

　JIS Q 9005をもとに「マネジメントシステム」の構造モデルを説明する（図3.3）[2)]．

① 「組織能力像の明確化」

　M. ウェーバーの社会学の基礎概念に記載されている社会的行動の概念を仮説として用いると[9)]，納期があるプロジェクト型の業務，時期が決まっていて規範が決まっている定例的業務，事故などの誘因に対応して遂行する個別対応業務，人財育成など随時価値実現を行う継続的業務，及び慣例として定常的に行う定常業務などが，組織における業務の類型仮説モデルである．それぞれにプロジェクト能力，規範準拠行動能力，個別決断能力，価値実現能力，慣例遂行能力が必要であり，これらの能力が組織の目標を達成するために必要である．

② 「マネジメントシステム」

　上記①の業務類型に示した業務がシステムとして統合され，マネジメントさ

れることが望ましい．主要なマネジメント業務は，経営者の責任事項でもある利害関係者の特定と方向づけ，戦略の策定と実施，経営資源の明確化と調達運営管理，製品実現プロセスの遂行，製品実現プロセスのマネジメント，支援プロセスの遂行，規範準拠(コーポレートガバナンス)，改善・改革の遂行，継続的な学習などであり，マネジメント全体をシステムとして認識し，計画し，構築し，実施する．

③「経営者の責任」

　利害関係者の特定(顧客重視を含む)，方向づけ(あるべき姿の明確化)，戦略の策定と実施，方針の決定，経営資源の明確化と調達運営管理，責任・権限・コミュニケーションの明確化は経営者の責任事項でもある．

④「経営資源の運用管理」

　経営資源には，組織の人々，パートナー，インフラストラクチャー，業務環境，知的資産，財務資源などがあり，その調達，配備，運営管理を行う．

　マネジメント能力のある人財を確保するためには，マネジメント知識やマネジメント技術だけではなく，素質を把握することが重要である．マネジメントの素質で重要なことは対人関係能力であり，タイミングを察知する能力である．これらの素質がない場合には指導に時間がかかる．素質を見抜くこと，長期的な視点で育成することが経営者の責任事項の一つである．

　人財育成で最も難しいのは，経営者自身の後継者の確保・育成である．内部から育てる場合には入社時から将来の幹部としての教育・指導を行う．価値観の形成は高校時代，知識の修得は大学の教養課程や専門教育初期に，技術の修得はそれ以降の教育・訓練で形成される．この仮説から，高校時代は何にどのようなことに感動したかを質問することにより，当人の価値観を察知でき，幹部候補生としての素質を見抜けることがわかる．

⑤「組織能力」

　組織の能力として事業開拓能力，成長能力，撤退の意思決定能力，研究開発能力，技術調達能力，商品・サービス開発能力，生産能力，販売保守能力などがある．マネジメント能力の重要な項目に組織編制能力がある．責任・権限を

顧客及びその他の利害関係者のニーズ及び期待

経営戦略
　中長期リスクマネジメント
　　を含む
事業戦略
マネジメントシステムの計画
マネジメントシステムの構築
　及び実施

あるべき姿
経営者のコミットメント
顧客重視
利害関係者に対する責任
方針
責任，権限及び
　コミュニケーション

組織の人々
パートナー
インフラストラクチャー
業務環境
知的資産
財務資源
経営資源の提供プロセス
　の管理及び測定

（注）　経営資源の運営管理
　　　には人財育成，組織の
　　　知的資産の蓄積なども
　　　含まれる

⑦学習及び革新
①組織能力像
②マネジメン
③経営者の責任
マネジメン
継続
④経営資源の
　運用管理
⑤組織能力

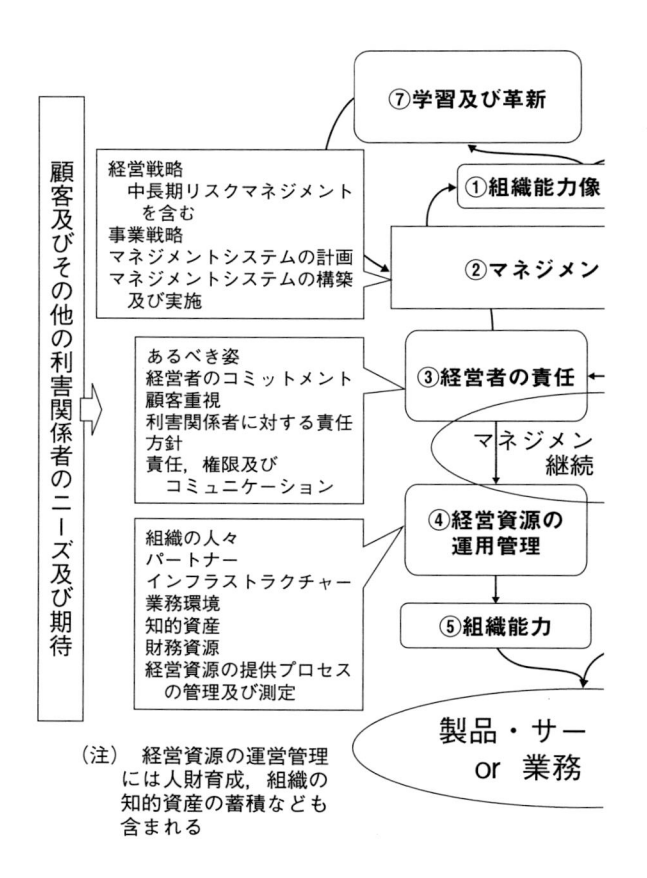

製品・サー
　or　業務

図 3.3　マネジメント

明確にし，マネジメント階層を定め，責任・権限に応じてエスカレーションシステムなどのコミュニケーション方法を定めて運営することも経営者の責任であり，その確実性，迅速性も組織能力の項目である．組織の上位層が役割を果たすことが組織能力として重要であるが，上位層の業務の一部を分担するスタッフ制度を設け，専門的な業務を分担させることも組織能力の実現方法であ

3.3 「マネジメントシステム」の構造モデル

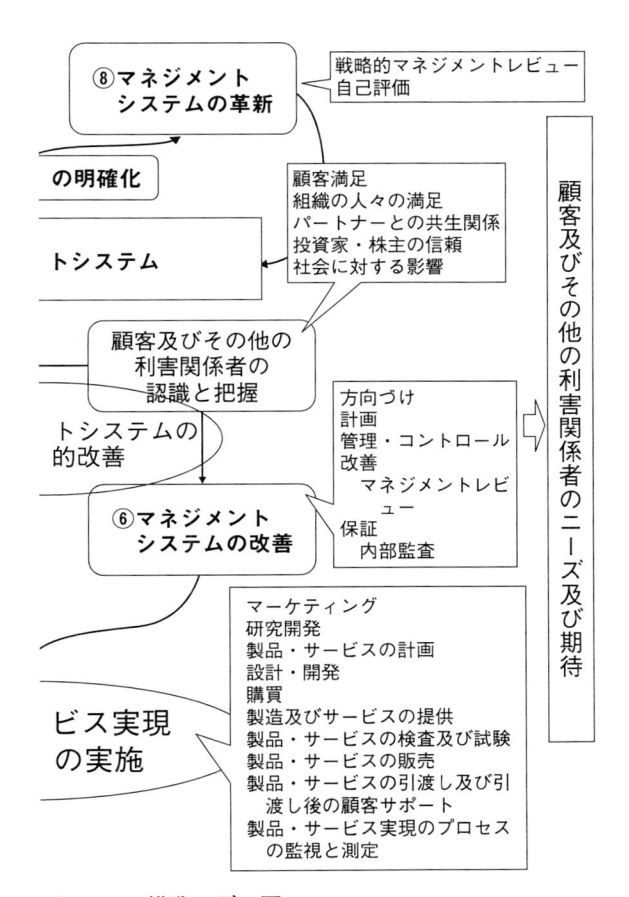

```
⑧マネジメント     ─ 戦略的マネジメントレビュー
 システムの革新      自己評価

        ┌──────────────┐
の明確化  │ 顧客満足       │
        │ 組織の人々の満足  │
トシステム │ パートナーとの共生関係│
        │ 投資家・株主の信頼 │
        │ 社会に対する影響  │
        └──────────────┘
    ┌─顧客及びその他の─┐
    │ 利害関係者の    │
    │ 認識と把握     │
    └──────────┘
          │   ┌──────────┐
トシステムの     │ 方向づけ     │
的改善        │ 計画       │
           │ 管理・コントロール│
           │ 改善       │
           │  マネジメントレビュー│
    ⑥マネジメント   │ 保証       │
    システムの改善   │  内部監査    │
           └──────────┘
         ┌──────────────┐
         │ マーケティング      │
         │ 研究開発         │
         │ 製品・サービスの計画   │
         │ 設計・開発        │
         │ 購買           │
ビス実現    │ 製造及びサービスの提供  │
 の実施    │ 製品・サービスの検査及び試験│
         │ 製品・サービスの販売    │
         │ 製品・サービスの引渡し及び引│
         │  渡し後の顧客サポート   │
         │ 製品・サービス実現のプロセス│
         │  の監視と測定       │
         └──────────────┘
```

顧客及びその他の利害関係者のニーズ及び期待

システム構造モデル図

る．さらにスタッフが現場から遊離しないように指導することも上位層の業務であり，組織能力要因でもある．

⑥「マネジメントシステムの改善」

　方向づけに対して実態がどうなっているかマネジメントレビューで確認し，必要であれば改善を行う．さらに管理された状態にあるか，監査，診断，現場

巡回を行い，指摘事項があれば処置し，改善を行う．監査の方法も診断の方法も改善対象である．

マネジメントレビューでの改善項目の例に，品質目標の設定項目とマネジメントレビューでの指導方法がある．品質目標の改善経過として重要市場クレームの発生件数，品質損失コスト，品質コストがある．各目標値に対して虚偽の報告をした場合，報告をしなかった場合にマネジメントレビューでは強い指導を行い，悪い結果に対しては叱るのではなく，改善への取り組みを指導し，改善したらほめる．これらがマネジメントレビューの改善活動である．個別のマネジメント活動においても同様に何をほめ，何を叱り，何を指導するかが改善対象である．

⑦「学習及び革新」

組織においてはマネジメント階層ごと，専門家集団ごとに継続的に学習及び革新することが重要である．さらに専門家集団の指導方法を学習することが重要である．

経営者が明確に定めた「あるべき姿」を達成することが革新の機会であり，それには事業拡大型，健全事業運営型，リスクマネジメント型，長期継続的繁栄型などの方向づけの種類があり，転換期の判断とそれぞれの状況下での的確な組織運営が学習課題である．

学習方法には，理論に学ぶ，経験から学ぶ，他者・他社に学ぶ（プラクティスやアンチプラクティス）方法，仮説設定型の学習方法があるが，異文化組織に学ぶことも多い．

⑧「マネジメントシステムの革新」

JIS Q 9005，JIS Q 9006を参照して自身のマネジメントシステムを自己評価し，マネジメントシステムを革新する方法や，経営品質関係のガイドラインを参照して自身のマネジメントシステムを自己評価し，マネジメントシステムを革新する方法がある[2], [10]．

マネジメントシステムの革新の機会を見つける方法としては，最低で200年以上継続している事業から学ぶことも有力である．

3.4 「マネジメント技術」の構造モデル

　マネジメント問題認識，マネジメント行動(マネジメント課題解決技術の適用)，及びマネジメント支援体制に漏れや不足があると，マネジメント問題が発生する．製品実現プロセスと同様に，マネジメントプロセスについてもプロセスを定義し，プロセスマネジメントを行うことが前提条件である．「マネジメント技術」の構造モデルを以下に説明する(**図 3.4**)．

① 「マネジメントテーマ認識」

　方針が明確ではない，計画が不十分，管理された状態にはない，改善が進まない，保証されていないなど，マネジメントサイクルごとに問題が発生する可

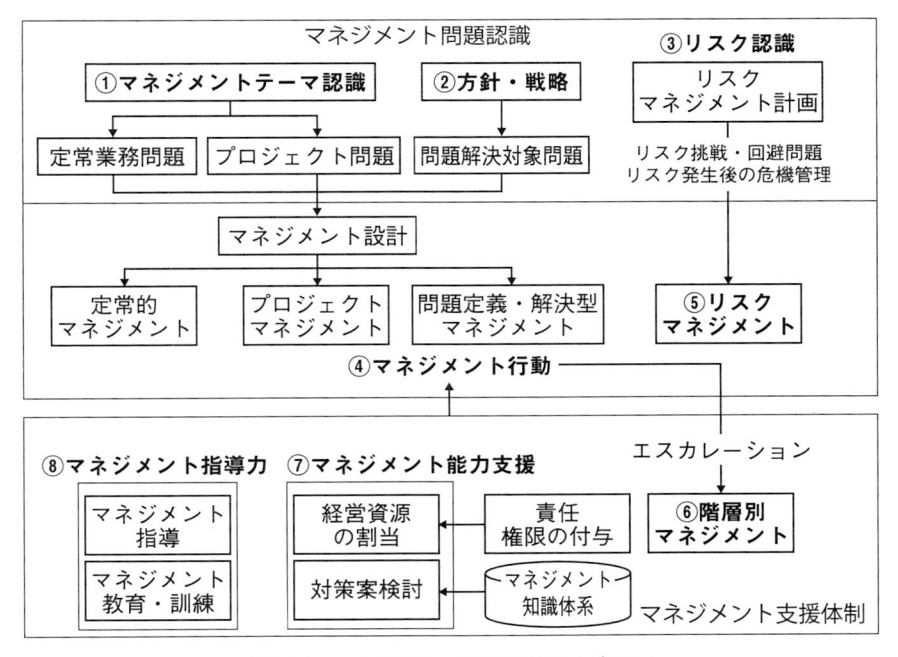

図 3.4　マネジメント技術構造モデル図

能性がある．その結果，プロセス要素ごとの支援プロセスにおいて問題が発生する可能性がある．例えば，人財育成，特に技術指向が強い技術者をマネジャに育成する際に問題が発生することがある．

② 「方針・戦略」

あるべき姿を決め，具体化することにより開発効率化，開発方法の改革，生産マップ（海外展開，内製化），新規事業開拓，市場開拓，顧客深耕，新製品開発，マネジャ級の人財育成，技術者の育成，事業の選択と集中などの課題を認識できる．

③ 「リスク認識」

実際の事業環境下で発生する確率を考えたRBS（リスク・ブレークダウン・ストラクチャ）を組織資産の一つとして整備し，リスクとその要因を組織として共通認識する．リスクマネジメントでリスク分析・評価を行った際に形式的にR-MAPを作成しても，関係者が合意していなければリスクが顕在化した際に混乱することになる．

④ 「マネジメント行動」

マネジメント課題が定義されていても，マネジメント課題に応じた解決行動がとれていないとマネジメント問題がやがて顕在化する．まして，定常的マネジメント，プロジェクトマネジメント，問題定義・解決型マネジメントの区別もできず，相互関係があるのにマネジメントを統合せず個別にマネジメントを行うのであれば混乱する．

既に発生している問題の定義・解決マネジメントのためには因果関係の知識を体系化し，因と縁とを区別し，因には解消対策を，縁には適応対策をとっていないと（1.6節⑬因縁無理解症候群）再発し，混乱する．

現状を変えたい場合に特定の解決策にこだわり続けると解決できないことも多い．いずれの場合にも組織としてプロセス資産（解決策の仮説知識を含む）を整備し，活用することが重要である．

⑤ 「リスクマネジメント」

リスクマネジメントシートを作成しても，リスク兆候の監視がプロセスとし

て実行されていないと役に立たず，リスク要因の発生に気がつくのが遅れる．また，リスク兆候監視の結果，リスク要因が顕在化していることが判明しても，リスク対策を実行する責任者が不明確だと対策が実行されずに混乱する．

⑥「階層別マネジメント」

　機械要素，電気・電子要素，さらにソフトウェアを組み込んだシステムを開発する場合には責任分担を明確にすることが重要であり，問題が発生してから協議しても混乱する．

　業務の方針も計画も上司層が策定せず部下に任せているだけで，部下が実行してから報告・連絡・相談を受けた後でマネジメントを行うようでは決断が遅れ，市場から敗退することになる．

⑦「マネジメント能力支援」

　各階層でマネジメントを行うための資源が用意されず，特にマネジメントを分担する下位のマネジメント層が不足し，その不足を補うためのマネジメントについての組織のプロセス資産も不備であれば，マネジメント能力に限界が発生する．

⑧「マネジメント指導力」

　マネジメントのためには知識やマネジメント課題の認識，マネジメント課題の解決技術なども必要であるが，タイミングがより重要である．プロジェクト型業務ではプロセスごとのマネジメント，定常的業務では実施時期を逸してはならない．

　マネジメントでは課題が輻輳することがあるので，マネジメント課題管理表（マトリクス）を作成し，優先順位と決断のタイミングを常に検討しておくことを指導し，エスカレーションのタイミングをも検討する．

[補足]　**目的達成型行動の学習過程モデル**

　マネジメント課題や技術課題を達成する目的達成型行動は，企業内では幅広く発生する．目的を達成するために目標を決定し，達成するための計画を立て，計画を実行し，計画と実績との差異を確認し，差異があれば処置を行う．しかし企

業内では，様々な目的達成行動の問題が観察できる．その結果から目的達成型行動の学習過程モデルを以下に説明する．

　この段階論は東洋の思想(孔子の『論語』)に基づいている[3]．

　① 目的を認識していない段階：無知な段階で意欲と能力がなく，手段を目的化した場合である．テーラーの成り行き管理に相当する．

　② 繰り返し段階：目的を認識し，達成意欲はあるが，達成のための課題解決の設計ができていない場合である．過去の経験と努力で頑張っていて，前提条件，制約条件が厳しいため無理な計画になり達成意欲がなくなっている場合にも発生する．

　③ フィードバックコントロール段階：目的を認識し，達成意欲はあり，課題解決設計もでき，計画も作成されていて，計画通り達成するために途中でチェックしてアクションを起こし，ある程度の改善を行える場合である．受身型の組織で発生することがある．

　④ マネジメントサイクル実践段階：前提条件，制約条件下で目的を達成するための計画を策定し，途中でチェックしてアクションを起こし，計画の変更も含めて，計画，実行，チェック，アクションのマネジメントサイクルを実践している場合である．環境や条件の変化があると混乱し，計画の見直しが発生することがある．

　⑤ 最適化段階：変化にも対応した計画を立て短期的には最適な行動を行っている場合である．大幅な変化があると混乱することがある．

　⑥ 適応段階：中期的に様々な変化にも適応行動がとれる場合である．数十年に一度の変化には適応できるが，百年に一度の変化があると混乱することがある．

　⑦ 洞察段階：兆候の段階でも変化を察知し，長期的継続的に目的を達成できる場合である．200年以上継続的に目的を達成できる．

　⑧ 無意識段階：革新を継続的に行い，永遠に目的達成できる場合である．

3.5 「問題解決」の構造モデル

問題の類型及び,「問題解決」の構造モデルの項目について要点を説明する(図 3.5).

① 「問題の類型」

第1章に示したように問題には多様な種類が含まれているので,初めに問題の類別知識が必要になる.佐藤允一の説に基づいた問題の類型を示す[11].

［既に発生している問題に対応したい場合］
- 既に品質クレームなど基準を逸脱している：逸脱問題
- 目標を達成できていない：未達問題

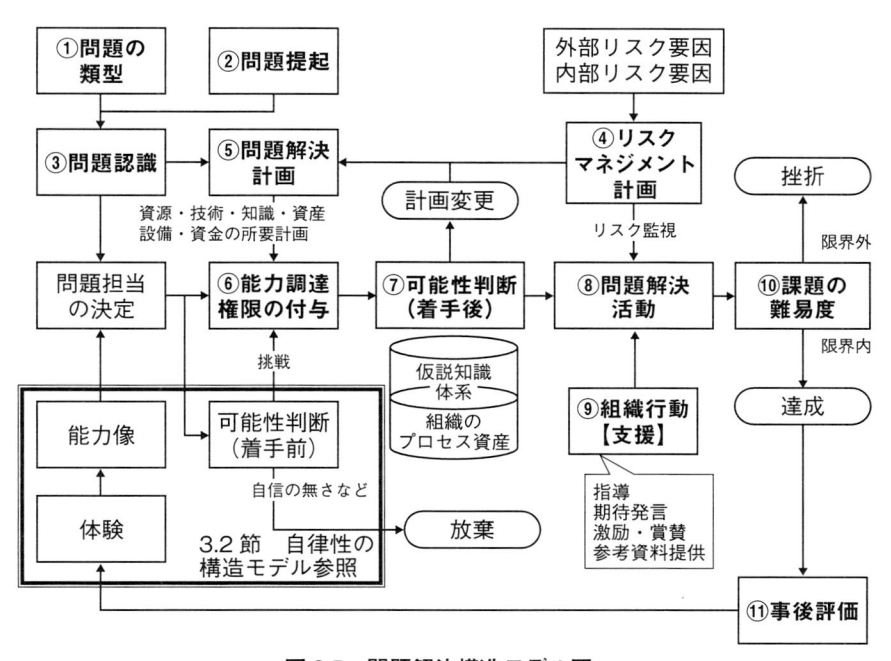

図 3.5 問題解決構造モデル図

［現状をより良くしたい場合］
- プロセス能力などの弱点を補強したい：改善問題
- プロセス能力などをさらに強化したい：強化問題

［将来に向けて対応したい場合］
- 好ましくない方向への乖離を減らしたい(脅威回避)場合：回避問題
- 好ましい方向に乖離を増やしたい(機会挑戦)場合：挑戦問題

② 「問題提起」

組織の持続的成長の観点から，発生している問題を解決し，問題が発生していない場合には現状を変えるために問題を提起し，さらに将来の繁栄をめざしてリスク回避及び機会挑戦(リスク)問題を提起する．

問題提起の動機の例に，組織方針の実現，改善，改革，定常的マネジメント問題の解決，プロジェクト問題の解決，業務監査指摘事項の処置，マネジメントレビュー指摘事項の処置などがある．

③ 「問題認識」

問題提起を受けて，問題の類別と問題提起の動機を確認し，問題解決のゴールを定義し，問題を統合して相互の関連性を判断し，優先順位をつけ，達成するべき問題を認識(再定義)する．例えば，納期遅れ問題，費用削減問題，品質問題の前に，プロセスの確立問題を先行させる(プロセス重視の思想)．

④ 「リスクマネジメント計画」

問題解決計画の前にリスクマネジメント計画を立てる．組織のプロセス資産に登録されているRBSをもとにリスク要因を抽出する．なお，リスクの要因には内部要因と外部要因とがある．発生確率と重要度を評価し，リスクマップを作成し，脅威を減らし，チャンスを増やすための対策を組織のプロセス資産に登録されている仮説知識(課題と対策)を用いて選択し，実行する．致命的な影響を与えることを防止するためには10^{-6}あるいは10^{-8}の発生確率の要因まで検討することもある．検討した結果について組織で合意形成を図る．「想定外」の要因のため問題が解決できないのはこのようなリスクマネジメントを行っていないことが多い．

⑤「問題解決計画」

問題の類型ごとに問題解決のためのプロセスは異なるので，定義した問題の類型を確認し，設定した(再定義後)問題ごとに解決計画を立てる．

テーマごとの責任者あるいは担当チームを決め，必要な権限・資源を定義する．テーマによっては1～2年では解決できないこともあり，その場合には中期計画を立て，問題をブレークダウンして達成可能な計画を立てる．マネジメント力向上やシステム技術力強化は修得に時間がかかる例である．

開発期間の短縮の達成可能な計画として，最初に下流工程であるテスト期間中のバグ発生数の削減計画を立て，仕様書の作成能力向上や設計検証能力の向上を行い，主としてテスト期間の短縮を図る．次に上流工程での仕様書作成，基本設計工程の期間短縮計画を立て，各工程の技術マニュアルの作成と定着化，設計検証の強化，プラットフォームの開発などを行い，上流工程の開発期間短縮を図る例がある．

⑥「能力調達権限の付与」

実行可能性を高めるためには，マネジメントシステム構造モデルに記載されている資源の調達・運営を行い，必要な権限・資源を割り当てる．特に自律性のある組織・個人を選び，能力のある要員や技術を調達するための権限を付与することが重要である．付与された権限，割り当てられた資源をもとに実行可能性を判断する．

⑦「可能性判断(着手後)」

テーマごとの責任者あるいは担当チーム自身が詳細実行計画を作成し，活動を開始する前にリスクマネジメント計画も再度吟味し，詳細実行計画について組織として問題解決の可能性を再度判断する．判断の類型には，即実施，制限条件付実施，中期的計画に基づいて実施，あるいは計画を変更などがある．

⑧「問題解決活動」

問題解決のための能力や資源が調達され，可能であると判断できたら問題解決行動を開始できる．逸脱問題，未達問題，改善問題，強化問題，リスク回避問題，あるいはリスク(機会)挑戦問題いずれにおいても問題解決のためには問

題解決行動と，定常業務あるいはプロジェクト業務と整合することが重要である．プロジェクト業務を通して解決を図る必要がある場合には，プロジェクト計画に織り込む．

⑨「組織行動支援」

問題解決活動を特定の個人やチームだけに任せず，組織として行動することも重要である．実行段階でリスク監視も行い，リスク兆候が検出されたらリスク対策を実行する．指導者や支援者を定めることが望ましい．期待することも激励になることがあり，成果に対して賞賛することが次の挑戦への自律性促進のための要因である．参考資料を提供したり，アドバイスしたり指導したりする．

⑩「問題の難易度」

問題解決活動を行えば成功するわけではない．問題の難易度によっては成功せず挫折することもある．その場合でも次への挑戦意欲が阻害されないように動機づけ・評価を行うことが重要である．失敗と評価するか，失敗の原因を自身の能力の限界と解釈するか，失敗の原因を課題の難易度と解釈するかによって次への挑戦意欲が変わる．

⑪「事後評価」

事後の評価を行わないと自律性は高まらない．評価を行うことで挑戦意欲を高めることができる(3.2節「組織及び個人の自律性」の構造モデル参照)．

3.6 「製品サービス提供における企画・要求仕様の品質マネジメント」の構造モデル

「製品サービス提供における企画・要求仕様の品質マネジメント」の構造モデルを説明する(図3.6)．

①「要求仕様決定方式」

要求仕様を決定する方法には，前回の開発での積み残しから開発する方法，入札仕様に基づいて開発する方法，特定顧客に密着しそのニーズをもとに開発

する方法，保守経由など顧客の現場でのニーズをもとに開発する方法，様々なルートで集めた要件データベースをもとに開発する方法，プロトタイピング開発を行い顧客ニーズを検証しながら行う方法，プロダクトラインマネジメントを適用しシリーズ展開の計画をもとに開発する方法などがある．それぞれの方法の長所・短所をよく理解し要求仕様を作成することが重要である．

② 「ニーズ・期待の分析と定義」

要求仕様を作成する際には，利害関係者を特定し，そのニーズ・期待を理解することが重要であり，作成された要求からだけで開発すると実際のニーズ・期待と一致せずに問題が発生することがある．商品が使用されるシーン・シナリオに適合させるために，正常シーンだけではなく，準正常シーン（ビジーなど），例外シーン，異常シーンを検討しニーズを定義し，シナリオを分析しニーズ・期待を把握する．

ニーズ・期待は時間的に変化することがあり，システムの変更，構成要素の変更，業務の変更（統合，分離や撤退など）をも考慮する．

保証期間終了前後の使用方法に関連した要求，劣化・陳腐化・廃棄などにおけるシーン・シナリオに対応した要求，さらに修理不能時のニーズ・期待や修理ミスに遭遇した場合など，当事者が想定していなかった事態に遭遇してから始めて明確になる要求もある．

③ 「システム範囲の定義」

システムの範囲はインプットとアウトプット，そして機能からなるが，商品によっては関連するシステムが存在する場合があり，そのインタフェースもシステムの範囲として重要な検討事項である．関連するシステムには，情報システムもあり，機器と装置もあり，関連業務もある．

システムの範囲を記述する技法としてシステム図やコンテキストダイヤグラムがある．

④ 「業務・運用設計」

システムの機能を明確に定めるためには，システムと業務との関係，運用方法との関係を設計する．そのための技法として，機能情報関連図や業務とシス

⑩品質特性

機能要件
・機能仕様要件
・データ仕様要件
・インタフェース仕様要件

非機能要件
・品質要件対応
　(効率性)(信頼性)(保守性)
　(操作性)(セキュリティ)など
・技術要件対応
・移行要件対応
・運用要件(運用管理等)
・付帯作業(拡張性を含む)
・安全性

ライフサ
保　証　期
⑨ライフサイクル期

利害関係者ニーズ
正常シーン
準正常シーン
例外シーン
異常シーン

変

①要求仕様決定方法

- 顧客ニーズ調査
- 保守経由ニーズ調査
- 市場クレーム調査
- カタログ比較競争比較
- 価格提案シーズ提案

→ 要件データベース

- 前回積み残し
- 入札応募公開仕様
- 特定顧客要求
- シリーズ展開
- 商品企画
- 企画書
- プロトタイプ開発 → 顧客ニーズ調査

顧客・企画要求仕様書

関連システムの定義
↓
③システム範囲の定義
↓
⑤シナリオベース分析
　ユースケース図
　ユースケース記述
　アクティビティ図
　スイムレーン図
↓
機能要件作成

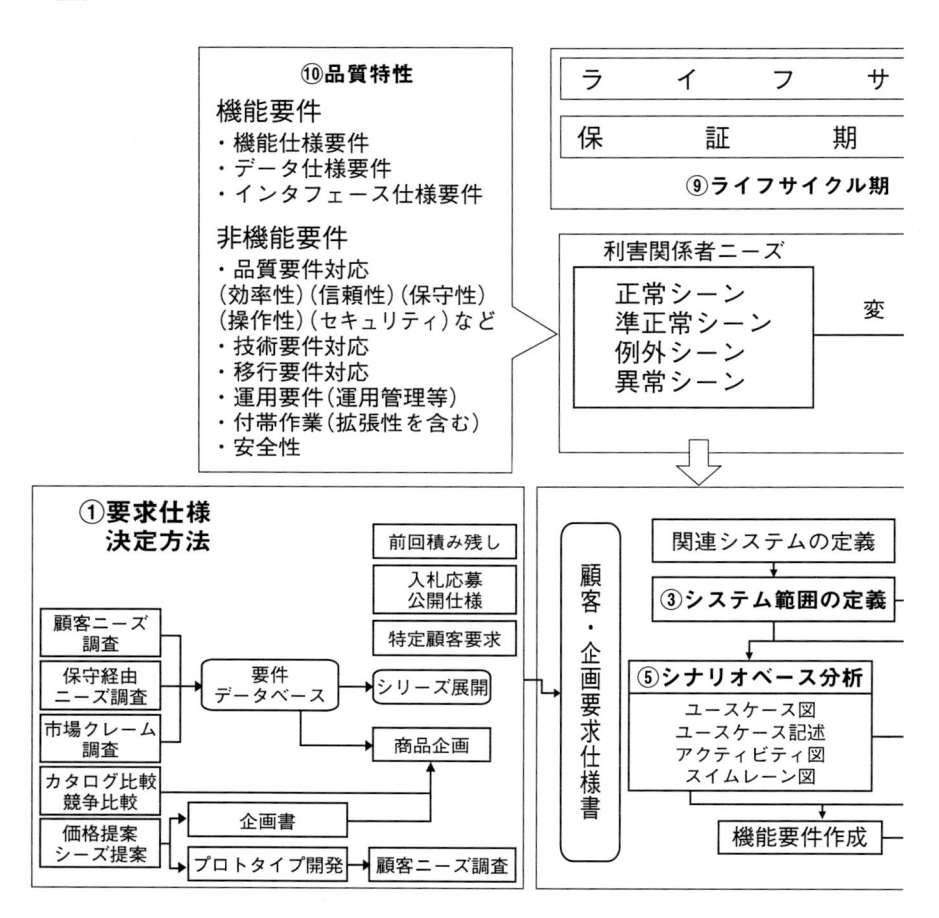

図3.6　製品サービス提供における企画・

テムとのインタフェースを記述した業務フロー図などの技法がある．設置工事，試行，保守などでの業務とのインタフェースも設計する．これはシステムの総合検査仕様書と整合させる．

3.6 「製品サービス提供における企画・要求仕様の品質マネジメント」の構造モデル　127

```
┌─────────────────────────────────────────────┐
│          イ　ク　ル　期　間　中              │
│  ┌─────────────────┬─────────────────────┐  │
│  │  間　　　　中   │ 環境変化・市場・顧客変化など │
│  └─────────────────┴─────────────────────┘  │
│ 間中のニーズ・期待の変化                    │
└─────────────────────────────────────────────┘
            │
            ▼
┌─────────────────────┐       ┌─────────────────────┐
│ 利害関係者ニーズ期待 │       │ 利害関係者想定外環境 │
│  ┌───────────────┐  │       │  ┌───────────────┐  │
│化│ システム変更  │変化│      │ 保証期間後使用    │
│→│ 構成要素変更  │→  │      │ 劣化・廃棄        │
│  │ 業務変更      │   │       │ 修理不能          │
│  │【統合・分離】 │   │       │ 修理ミス          │
│  └───────────────┘  │       │                   │
│ ②ニーズ・期待の分析と定義 │  │                   │
└─────────────────────┘       └─────────────────────┘
```

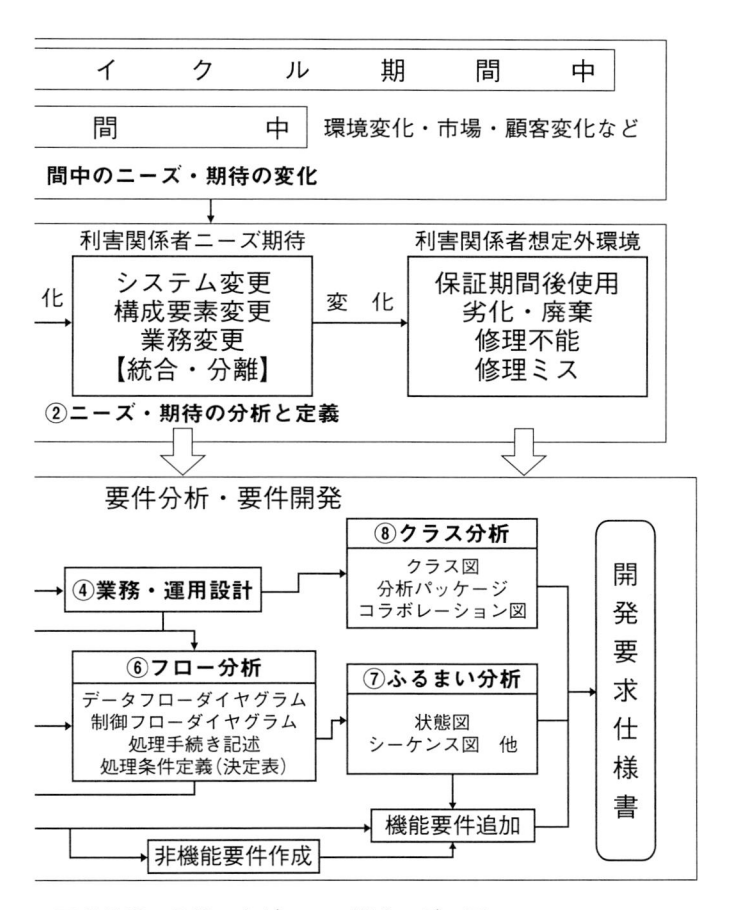

要求仕様の品質マネジメント構造モデル図

⑤「シナリオベース分析」

　ユースケース図（情報を生成するものや利用するものとシステムとの関係を記述する），ユースケース記述，アクティビティ図（以前はフローチャートで記述した），スイムレーン図（スイミングプールのレーンのようにクラスなどの要

素と操作者や関係システムの関係を記述する)などの技法を用いてシーンごとのシナリオを分析する．

⑥「フロー分析」

システムがどのような働きをするのかを分析するために，データフローダイヤグラムや制御フローダイヤグラムを作成し，データ・エネルギー・ものなどの流れとシステムの機能や情報との関係を分析する．その他に処理条件を記述する技法として決定表や処理手続き記述法もある．

これらの分析から機能要件を抽出し，非機能要件の課題を抽出する．

⑦「ふるまい分析」

タイミング問題が含まれる場合には状態図，状態遷移図，状態遷移表，シーケンス図，あるいはタイミングチャート技法を用いて分析する．論理的に解明できれば論理的に検証する．この分析が不十分だとまれなタイミングで誤動作する現象が発生しやすく，開発終了直前での障害解決あるいはフィールド障害解決が収束し難くなる．

⑧「クラス分析」

システムに含まれるオブジェクトについてクラス分析を行い，クラス図，コラボレーション図，分析パッケージを作成し，それぞれに含まれる属性と操作等の内容を分析する．これらの分析の結果，必要であれば機能要件を追加する．

⑨「ライフサイクル期間中のニーズ・期待の変化」

要求仕様を検討する際にはシステムの保証期間範囲だけではなく，ライフサイクル全体を検討する．保証期間終了前後の使用，劣化・陳腐化・廃棄，リサイクルなどでのニーズ・期待も分析する．保証期間後に事故が発生することがあるからである．顧客に使用を停止してもらうための機能も必要になることがある．

⑩「品質特性」

品質特性には機能要件と非機能要件があり，機能要件には次のものがある．

- 機能仕様要件

- データ仕様要件
- インタフェース仕様要件

非機能要件には次のものがある．
- 品質要件：効率性（平均レスポンスタイム，ピーク時性能等），信頼性（平均故障間隔，平均復旧時間等），保守性（解析，変更等），操作性（処理時間，処理容易性，操作理解性など），セキュリティ要件等
- 技術要件：実現方式（処理方式，通信プロトコル等），システム構成（ネットワーク構成，ソフトウェア構成，ハードウェア構成等），開発方式（開発言語）等
- 移行要件：移行対象業務，移行対象データ，移行時期，移行体制等
- 運用要件：運用体制，運用形態，運用スケジュール，運用管理方式（監視，バックアップ等），災害対策等
- 付帯作業：ハードウェア展開，ソフトウェア展開，ユーザ教育等
- 安全性要件

3.7 「製品サービス提供における設計・検査の品質マネジメント」の構造モデル

「製品サービス提供における設計・検査の品質マネジメント」の構造モデルを説明する（図 3.7）．

① 「要件」

エンジニアリングプロセスは要件の定義，作りこみ，検証，妥当性確認からなるが，新規に要件を定義する際の構造については 3.6 節「製品サービス提供における企画・要求仕様の品質マネジメント」の構造モデルで説明した．設計・検査のために要件の内容をレビューすることが必要になる．

ただし，逐次開発，連続商品開発の際には追加変更要求を定義することが必要になる．この場合は変更しない部分に影響することがあり，要件分析技術を用いて改訂箇所を特定し，さらに影響箇所を特定する必要がある．

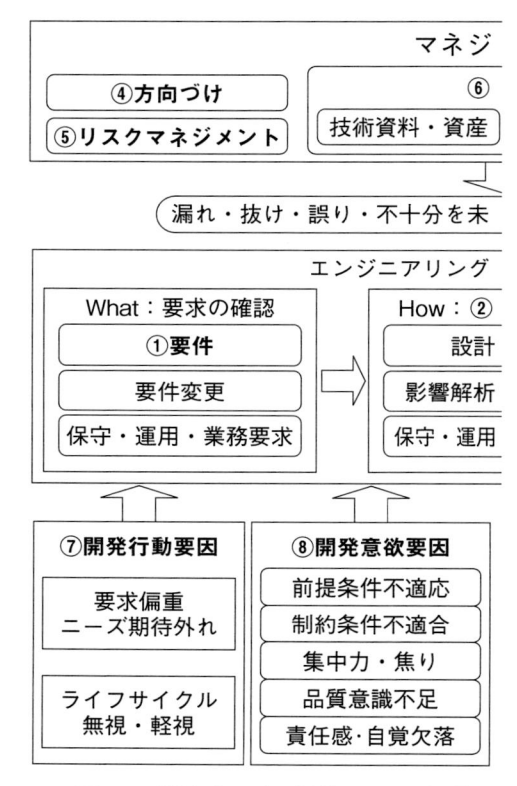

```
                                        マネジ
          ┌─────────────────────────────────┐
          │  ④方向づけ            ⑥         │
          │  ⑤リスクマネジメント   技術資料・資産 │
          └─────────────────────────────────┘
                    漏れ・抜け・誤り・不十分を未
                                      エンジニアリング
          ┌─────────────────────────────────┐
          │ What：要求の確認      How：②   │
          │   ①要件              設計      │
          │   要件変更            影響解析  │
          │   保守・運用・業務要求  保守・運用│
          └─────────────────────────────────┘
              ↑                    ↑
          ⑦開発行動要因        ⑧開発意欲要因
          ┌──────────┐       ┌──────────┐
          │ 要求偏重  │       │前提条件不適応│
          │ニーズ期待外れ│      │制約条件不適合│
          │          │       │集中力・焦り │
          │ライフサイクル│      │品質意識不足 │
          │無視・軽視 │       │責任感・自覚欠落│
          └──────────┘       └──────────┘
```

図 3.7 製品サービス提供における設計・

業務の設計，システムの操作設計の際に機能情報関連図や業務フロー図を改訂する．

　要求と設計との間，設計と検証との間，検証と要求との間で双方向で追跡可能性を証明することが必要であり，そのために機能要件，非機能要件に番号をつけ，追跡可能性の証明ができるように準備することがある．

② 「作りこみ」

　作りこみは新規の場合にはアーキテクチャ設計，設計，実装を行うが，逐次

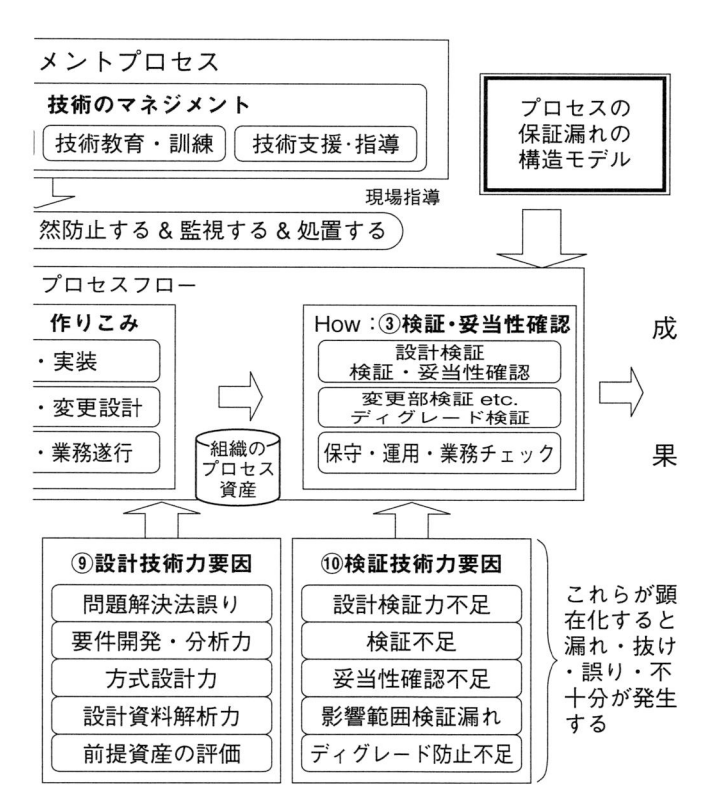

3.7 「製品サービス提供における設計・検査の品質マネジメント」の構造モデル

```
┌─────────────────────────────┐      ┌──────────────┐
│ メントプロセス               │      │ プロセスの    │
│ ┌─────────────────────────┐ │      │ 保証漏れの    │
│ │ 技術のマネジメント       │ │      │ 構造モデル    │
│ │ ┌──────────┐┌──────────┐│ │      └──────────────┘
│ │ │技術教育・訓練││技術支援・指導││
│ │ └──────────┘└──────────┘│ │
│ └─────────────────────────┘ │
│                    現場指導  │
│ 然防止する＆監視する＆処置する│
└─────────────────────────────┘
```

プロセスフロー

作りこみ	How：③検証・妥当性確認
・実装	設計検証 検証・妥当性確認
・変更設計	変更部検証 etc. ディグレード検証
・業務遂行	保守・運用・業務チェック

組織のプロセス資産

成　果

⑨設計技術力要因	⑩検証技術力要因
問題解決法誤り	設計検証力不足
要件開発・分析力	検証不足
方式設計力	妥当性確認不足
設計資料解析力	影響範囲検証漏れ
前提資産の評価	ディグレード防止不足

これらが顕在化すると漏れ・抜け・誤り・不十分が発生する

検査の品質マネジメント構造モデル図

開発，連続商品開発では影響解析を行い，変更設計を行う．

　機能設計，データ設計，インタフェース設計，性能設計，信頼性（平均故障間隔，平均復旧時間等）設計，保守性（解析，変更等）設計，操作性（処理時間，処理容易性，操作理解性等）設計，セキュリティ設計，実現方式（処理方式，通信プロトコル等）設計，システム構成（ネットワーク構成，ソフトウェア構成，ハードウェア構成等）設計，移行設計，運用設計，安全性設計を行う．

　本来はトップダウン設計法を適用することが推奨されるが，経験に基づくボ

トムアップ設計法，両者を加味したトップダウン・ボトムアップ擦り合わせ開発法を適用することもある．

③「検証・妥当性確認」

検証は設計検証，検証，妥当性確認を行い，逐次開発，連続商品開発ではディグレードが発生していないかについても検証する．

④「マネジメントプロセス―方向づけ」

これらのエンジニアリングプロセスフローを確実に行うためにプロセス群のマネジメントを行う．最初に品質方針，価値基準について方向づけを行う．プロジェクトではプロジェクト範囲を確定し，プロジェクト憲章を作成する．安全性ランクによってプロセスも，適用する技術も変わる．

⑤「マネジメントプロセス―リスクマネジメント」

これらのエンジニアリングプロセスフローに関連するプロセス能力に関するリスクを検討し，要求仕様の定義のあいまいさ・変更など，品質・コスト・納期・安全性を阻害するリスク要因を検討し，リスク対策を検討する．これらは組織のプロセス資産に登録されているRBSを用いて検討する．

⑥「マネジメントプロセス―技術のマネジメント」

エンジニアリングプロセスフローで必要な技術のマネジメントを行う．組織のプロセス資産に登録されている技術資料・資産を活用するよう指導し，技術教育・訓練を行い，技術の適用状況を把握して，適用状況がプロセス別の方向づけの内容と差があれば技術支援・指導を行う．技術的に解決されていない場合には先行技術開発や調達を行う．特許に抵触していないか確認し，特許を作成する．

⑦「開発行動要因」

開発においてはしばしば企画部門あるいは顧客が作成した要求仕様にとらわれ，受身的に行動して実際の利害関係者のニーズ・期待を軽視することがあり，その結果，利害関係者のニーズ・期待を満たさないことがある．商品・サービスのライフサイクルの最初から最後までの利害関係者のニーズ・期待を考慮して能動的に開発する．

⑧「開発意欲要因」

チームがどの範囲の権限を持っているか，リスク要因として何が発生する可能性があるかを組織として前提条件，制約条件を業務遂行開始時に明確にし，適応，適合しているかマネジメントする．

納期との関係や他の業務からの影響など業務遂行においては集中力を阻害する要因がある．リスクマネジメントでの検討だけではなく，プロジェクトのマネジメントの際に管理項目の対象とする．品質意識についても価値実現の観点から管理項目の一つにする．

開発においては品質意識だけでなく，自己完結・自工程完結を果たすために責任感・自覚を持たせる．

⑨「設計技術力要因」

業務遂行能力の主要な項目として設計（作りこみ）技術力が必要である．設計課題の認識，設計課題解決のための技法の選択の的確性，エンジニアリングプロセスで示したプロセスで必要な要件開発力・要件分析力，方式設計力（アーキテクチャ設計力）が重要であり，要員が適格に割り当てられたかどうかを管理項目として設定する．

逐次開発，連続商品開発では既存資料の解析能力も重要である．解析能力がないと二重に開発したり，解読せずに外付けで追加し規模が増えたり，性能が低下したりすることがある．既存資料が品質保証済とは限らないので資産の品質評価を行ってから開発計画を作成する．

⑩「検証技術力要因」

作りこみが終了したら，設計検証を行い，さらに検証を行う．検証は小さい部分から確認し，全体まで確認するボトムアップテスティング法を適用することが多い．技術分野別に単体テスト，結合テスト，総合テストを行い，その後システム結合テスト，システム総合テストを行い，その後妥当性確認を行う．全体を確認し，その細部を順番に確認するトップダウンテスティング法を適用することは少ない．

逐次開発，連続商品開発では，影響範囲の検討漏れ防止のために影響分析結

果に対応した検証を行う．追加・変更したことにより品質が保証されていた部分で品質問題が発生するディグレードの発生防止のために，影響範囲を特定し，ディグレードが生じていないことを確認するディグレードテストを行うことがある．

3.8 「業務品質」の構造モデル

保守・運用・工事などの業務と品質保証・経理などの定常的な業務を対象とした「業務品質」の構造モデルを説明する(図3.8)．

(1) 「保守・運用・工事などの業務品質」の構造モデル

保守・運用・工事業務の場合には，漏れ(例：特定の端末の設定を忘れた)，誤り(例：版数の異なるファイルに更新した，別の装置を停止させた)，過剰(例：活きている回線を切断した)，他に影響を与えるミス(例：工事の際に火災を発生させた)などヒューマンエラーが発生するため，これらを防止するためには次の項目が重要である．

①「業務課題の定義」

業務課題を定義し，業務条件(範囲，前提条件，制約条件)を確認する．工事における制限条件には，工事を行える時間帯や工事終了後の措置方法，運用への影響などがある．連続運転が条件の場合には，設計時に保守の方法を設計する．

工事の要因には新設・変更・廃棄などがあり，工事の対象には機器，監視システム，回線，データ変更，ファイル(プログラム)更新などがある．

運用では受入試験，要員訓練，初期立ち上げ用運用設定，障害監視，障害原因究明・障害対応などがある．

②「業務計画の作成」

保守や工事については保守工事マニュアルを作成し，事前要員を訓練しておく．運用でも同様であるが，運用の場合には熟練度によって操作方法などが異

なることがある．

　工事計画では，工事可能な日程(正月の夜のみ工事可能，事前に広報した場合のみ工事可能など)を確認し，工事終了後の運用条件を確認し，何らかの理由で工事を中止した場合の切り戻し復旧作業所要時間の確認，現況の確認方法と相違した場合の措置，関連サイトへの動員計画などを立てる．工事作業工具・部材などの準備，例外事項発生時のコミュニケーション方法の定義などを計画段階で決定する．

③「業務マニュアルの作成と確認」

　オリエンテーション，現況の確認方法，設置機器・システムの措置，リスクマネジメント計画の提示，工事マニュアルの再確認・改訂などの方法を規定する．

④「業務指示・注意」

　業務を指示する際には注意事項を確認し，リスクマネジメントの検討に基づくオリエンテーションなどを行う．工事などの業務での注意事項は，業務遂行前に把握している現況を確認し，顧客での改造工事がないかどうかをチェックし，あれば工事を中止すること，及び工事が長引いた際に顧客での運用に差し支えないように工事を打ち切り，現況復帰することにある．保守者や工事作業者に，現場で上司の許可なく指示外の作業を行ってはならないことを厳重に注意する．二次，三次業者に下請けした場合にも業務指示・注意を徹底させる．

⑤「リスク監視」

　リスクマネジメント計画に基づいてリスク監視を行う．監視項目として現況の相違の有無，作業途中結果の確認，火災事故，切断事故などの安全性問題発生リスク要因の監視，ノイズなどの異常の有無などがある．

⑥「監督・報告」

　業務実施の際に業務で品質問題が発生しないよう業務監督方法の指示を行い業務遂行時に監督を行う．監督者の責任事項は安全の確保と工事ミスにより顧客業務に影響を与えないことである．そのためには工事作業者(二次，三次の下請け業者を含む)に業務マニュアルを確認させ，リスクマネジメント計画上

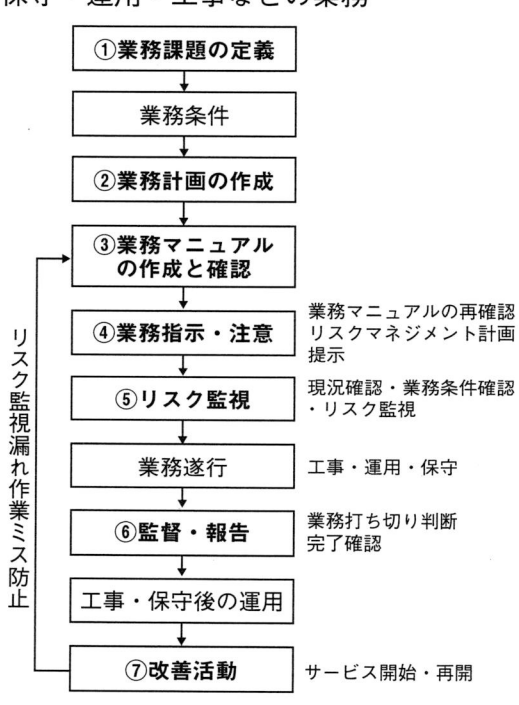

保守・運用・工事などの業務

```
         ┌─────────────────┐
         │ ①業務課題の定義 │
         └─────────────────┘
                  ↓
         ┌─────────────────┐
         │    業務条件     │
         └─────────────────┘
                  ↓
         ┌─────────────────┐
         │ ②業務計画の作成 │
         └─────────────────┘
                  ↓
   ┌──→ ┌─────────────────┐
   │    │ ③業務マニュアル │
   │    │  の作成と確認   │
   │    └─────────────────┘
   │             ↓
   リ    ┌─────────────────┐   業務マニュアルの再確認
   ス    │ ④業務指示・注意 │   リスクマネジメント計画
   ク    └─────────────────┘   提示
   監            ↓
   視    ┌─────────────────┐   現況確認・業務条件確認
   漏    │  ⑤リスク監視   │   ・リスク監視
   れ    └─────────────────┘
   作            ↓
   業    ┌─────────────────┐   工事・運用・保守
   ミ    │    業務遂行     │
   ス    └─────────────────┘
   防            ↓
   止    ┌─────────────────┐   業務打ち切り判断
   │    │  ⑥監督・報告   │   完了確認
   │    └─────────────────┘
   │             ↓
   │    ┌─────────────────┐
   │    │ 工事・保守後の運用 │
   │    └─────────────────┘
   │             ↓
   │    ┌─────────────────┐   サービス開始・再開
   └──  │  ⑦改善活動     │
        └─────────────────┘
```

図 3.8 業務品

のリスク監視項目(注意事項)を工事作業者に確認させ,工事の際には業務マニュアルに従ってリスク監視項目と点検管理項目を見逃さないように指を差し,声を出し確認させる.また工事の工程ごとに完了確認する.実行業務の結果報告を上司と顧客に行う.検収を受けたら業務終了後の処置(顧客への引渡しと顧客での運用確認)を行う.

⑦「改善活動」
　問題が発生すれば業務マニュアルの妥当性などを分析し,必要であれば業務

定常業務

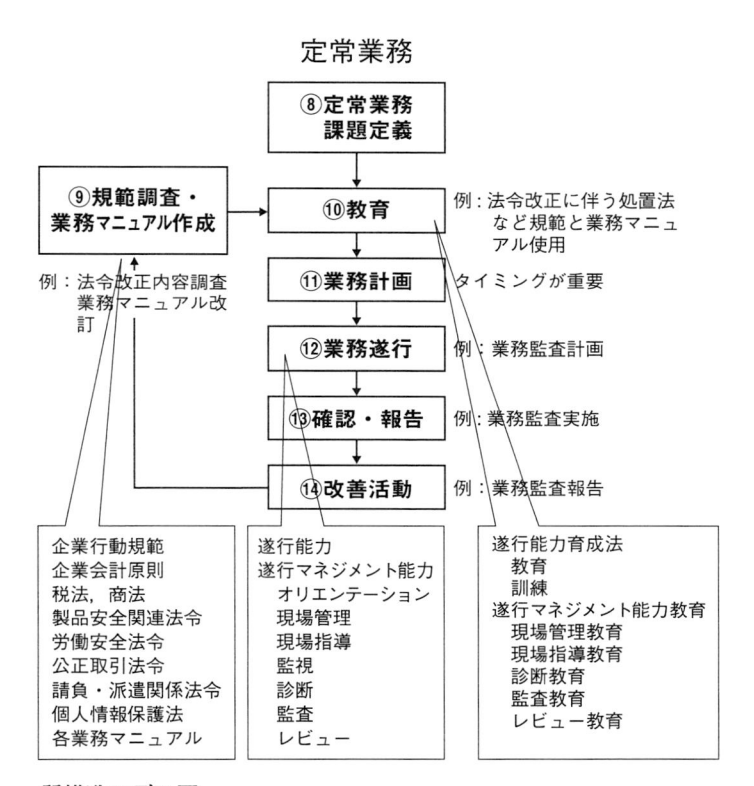

```
         ⑧定常業務
          課題定義
              ↓
⑨規範調査・ → ⑩教育      例：法令改正に伴う処置法
業務マニュアル作成              など規範と業務マニュ
                   ↓         アル使用
例：法令改正内容調査  ⑪業務計画   タイミングが重要
業務マニュアル改            ↓
訂             ⑫業務遂行   例：業務監査計画
                   ↓
              ⑬確認・報告  例：業務監査実施
                   ↓
              ⑭改善活動   例：業務監査報告
```

企業行動規範	遂行能力	遂行能力育成法
企業会計原則	遂行マネジメント能力	教育
税法，商法	オリエンテーション	訓練
製品安全関連法令	現場管理	遂行マネジメント能力教育
労働安全法令	現場指導	現場管理教育
公正取引法令	監視	現場指導教育
請負・派遣関係法令	診断	診断教育
個人情報保護法	監査	監査教育
各業務マニュアル	レビュー	レビュー教育

質構造モデル図

マニュアルを改訂する．

(2) 「定常業務の業務品質」の構造モデル

品質保証部門の場合を例に定常業務遂行時の要点を記述する．

⑧ 「定常業務課題定義」

定常業務課題を定義し，その業務条件(範囲，前提条件，制約条件)を確認する．品質保証部門での定常的な業務の例には，品質会議の準備と開催，品質月

報の作成, 品質保証教育の実施, 定例的な内部監査, ISO 9001 認証関係の業務がある. なお問題発生ごとに行う業務には, 重要品質問題対応, 例外事項発生時の顧客や官庁への謝罪などがある. なお, 品質保証部門の業務には他に妥当性確認の実施, 出荷判断などプロジェクト業務もある.

⑨「規範調査・業務マニュアル作成」

定常業務の場合には確実に業務を遂行するために, 業務マニュアルを作成する. 組織内の規範, 倫理規定, 行動規範を調査し, 企業会計原則, 税法, 商法, 安全性関係法令, 取引関係法令など業務によっては適用法令等や資格条件も調査する.

品質保証部門の管理監督者にプロジェクト業務の遂行状況をレビューさせ, 品質保証部長に法令順守の観点からも監査させることが未然防止の観点から重要である(リスク監視項目の一つ).

⑩「教育」

品質保証業務を遂行するために必要な資格の取得や教育を行う. 品質保証部門の管理監督者に対して, 業務計画の作成, 現場管理を行うための教育, 現場指導方法の教育, 品質改善・品質改革のための実務教育(原因分析技術教育を含む), ライン部門の指導の際に必要なプロセス及びその技術教育, 診断・監査・レビューの教育も行う. さらに新入社員向けから新任役員向けを含めて品質保証教育を実施する. 新任役員向け品質保証教育は品質担当役員(CQO)自身が行うことが望ましい.

⑪「業務計画」

マネジメントレビューや月例会議等の開催を含めた年間計画を作成し, 資料の作成計画も立てる.

⑫「業務遂行」

品質保証部門としても自己完結, 自工程完結の観点で業務を行う.

⑬「確認・報告」

業務で品質問題が発生しないよう業務監督を行う. 業務の結果を報告(品質会議であれば品質会議記事録を作成)し, 業務終了後品質保証記録として保存

する．重要事項はマネジメントレビューを受ける．
⑭「改善活動」
　品質保証部門でも問題が発生すれば改善活動を行い，業務マニュアルを改訂する．

3.9 「プロセス保証」の構造モデル

　プロセスが，品質・コスト・納期などプロセス計画通りに遂行できることを保証するための「プロセス保証」の構造モデルを説明する(図 3.9)．
①「プロセスの成果物の認識」
　製品実現プロセスフローモデルに従ってプロセスを確認し，各プロセスで作成するべき成果物(プロジェクト全体からすると中間成果物)を定義する．定常業務の場合は，価値連鎖を分析し，設計し，プロセスフローモデルを作成し，プロセスを確認し，各プロセスの成果物を定義する．
②「プロセスの設計」
　プロセスの成果物の定義は通常組織のプロセス資産に登録されているプロセス定義書に準拠する．
　プロセス定義書の項目の例を示す．
- プロセス管理番号：ENG0030
- 親プロセス名：商品開発プロセス上流工程
- プロセス名：要件分析
- サブプロセス名：シナリオ分析，クラス分析，ふるまい分析，フロー分析
- プロセス定義担当(プロセス所有者)：生産技術部開発プロセス担当
- プロセス概要：要求仕様の論理をシナリオベース，クラスベース，フローベース，ふるまいの観点から要件を分析する
- 開始条件：開発側追記要求仕様書がレビュー済で，承認済であること
- インプット：要求仕様書，開発側追記要求仕様書

140

```
                           ┌──────────┬──────────┐
                           │ 着手点検  │検証項目確認│
                           │(開始条件)│【成果物項目】│
                           │(インプット)│【追跡可能性項目】│
                           └──────────┴──────────┘
```

①プロセスの成果物の認識 → ②プロセスの設計 → ⑨プ

⑧プ

③組織のプロセス資産

　　　プロセス能力検討　　　　プロセス能力要素の量的不足
　　　漏れ
　　　④プロセス能力計画　　　⑤プロセス能力
　　　【中期経営計画】　　　　量と質の調達

　　経営者・管理者責任プロセス群

プロセス能力計画　　　組織のプロセス資産

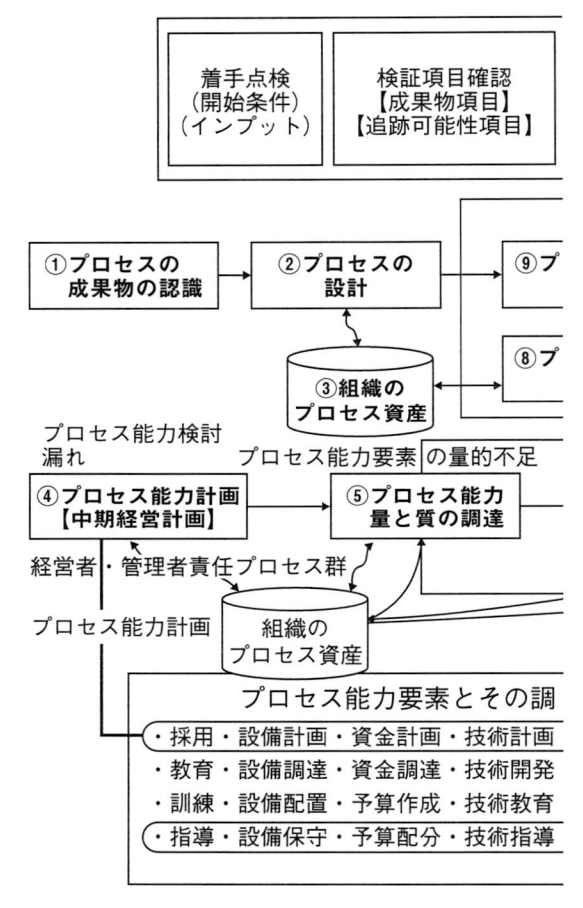

プロセス能力要素とその調
- 採用・設備計画・資金計画・技術計画
- 教育・設備調達・資金調達・技術開発
- 訓練・設備配置・予算作成・技術教育
- 指導・設備保守・予算配分・技術指導

図 3.9　プロセス保

- 終了条件：品質特性に対応した論理構造の分析が完了し，レビュー済であること
- アウトプット：要件分析書（詳細項目省略）
- プロセスの役割：システムの本質（論理構造）を解明し，システムの内容

3.9 「プロセス保証」の構造モデル

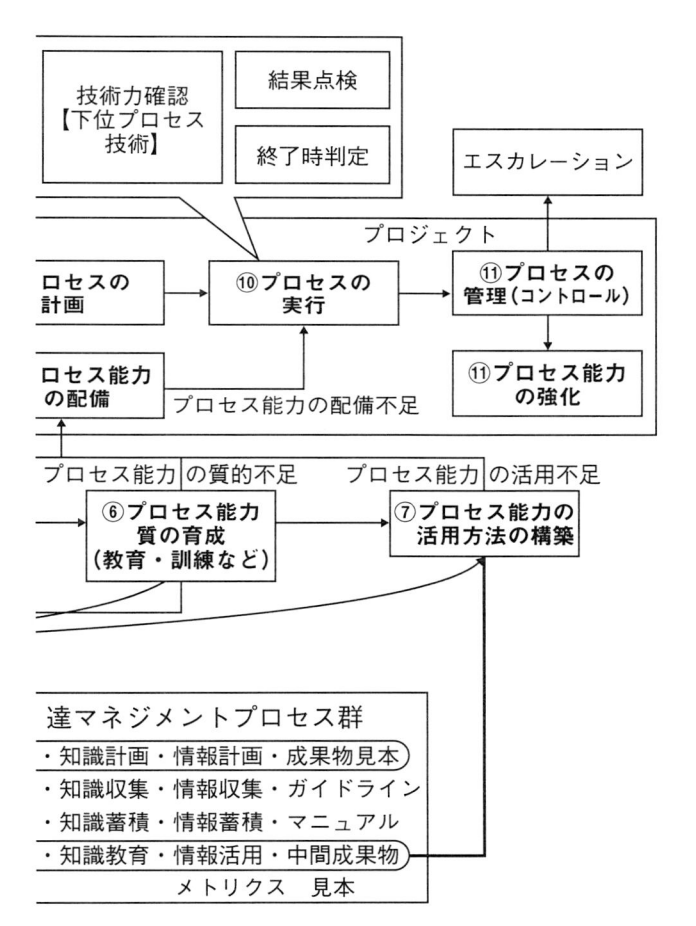

```
          ┌──────────┐  ┌──────────┐
          │技術力確認 │  │ 結果点検 │
          │【下位プロセス│  ├──────────┤
          │  技術】  │  │ 終了時判定│        ┌──────────────┐
          └──────────┘  └──────────┘        │エスカレーション│
                                              └──────────────┘
                          プロジェクト              ↑↓
┌──────┐      ┌──────────┐    ┌──────────────┐
│ロセスの│─────→│⑩プロセスの│───→│⑪プロセスの  │
│ 計画 │      │  実行    │    │管理(コントロール)│
└──────┘      └──────────┘    └──────────────┘
┌──────┐           ↑          ┌──────────────┐
│ロセス能力│           │          │⑪プロセス能力│
│の配備 │  プロセス能力の配備不足   │  の強化   │
└──────┘                       └──────────────┘

  プロセス能力の質的不足    プロセス能力の活用不足
┌──────────────┐        ┌──────────────┐
│⑥プロセス能力  │        │⑦プロセス能力の│
│  質の育成    │        │ 活用方法の構築 │
│(教育・訓練など)│        │              │
└──────────────┘        └──────────────┘

┌────────────────────────────────┐
│達マネジメントプロセス群           │
│・知識計画・情報計画・成果物見本  │
│・知識収集・情報収集・ガイドライン │
│・知識蓄積・情報蓄積・マニュアル  │
│・知識教育・情報活用・中間成果物  │
│     メトリクス  見本            │
└────────────────────────────────┘
```

証構造モデル図

を技術的に表現する．設計，検証，妥当性確認で必要な事項について分析する（追跡可能性の観点からの自工程完結）
- 使用する資産・資料：組織のプロセス資産に登録されている各図表例を使用

- 実行する作業：シナリオ分析，クラス分析，ふるまい分析，フロー分析
- 技術：シナリオ分析，クラス分析，ふるまい分析，フロー分析図表作成技術
- 知識：ライフサイクルシナリオ，アクターリスト，利害関係者ニーズ・期待
- 組織・人の条件：システム分析技術・データ設計技術・モデリング技術修得者
- 使用する設備：PC 等
- 点検管理情報：各分析図作成アクティビティの点検
- 結果管理情報：上記各図表数
- 規制要求事項：安全性ランクにより分析技術の詳細は異なる

テーラリングガイド(修整)：プロダクトライン要件分析を行っていれば部分的に省略できる．安全性水準によりプロセスで適用する技術が変わり，詳細な順序は変わる．

③「組織のプロセス資産」

プロジェクトを成功させるために参考となる資産を組織として蓄積し活用する．公式，非公式を問わず，方針書，計画書，手順書，ガイドライン，組織のプロセス定義書，カスタマイズの指針や基準，プロセスの完了基準・指針，ワーク・ブレークダウン・ストラクチャ(WBS)，標準化された作業指示書，プロジェクトスケジュールネットワーク，リスク・ブレークダウン・ストラクチャ(RBS)，コミュニケーションに対する要求事項，プロジェクト完了基準・指針，完了したスケジュール，リスク・データ，アーンド・バリュー・データ，プロセス測定データ，過去の情報と教訓の知識ベース，課題・欠陥マネジメント・データベース，コンフィグレーションマネジメント知識ベース，コストデータ，提案評価基準，パフォーマンス測定基準などを含む[5]．

④「プロセス能力計画(中期経営計画)」

経営資源の調達は経営者・管理者の責務であり，組織として当該プロセスでどのようなプロセス能力が必要かを検討し，計画を立案する(3.3 節「マネジメ

ントシステム」の構造モデル参照).
⑤「プロセス能力　量と質の調達」
　中長期計画に記載された外部組織分を含め専門職別の量と質を調達する．外部組織分については海外を含め継続的取引相手と必要時に依頼する取引相手を区別し，それぞれについて連携を強める．継続的取引相手の場合にはマネジメントシステムを含めて連携し，請負契約，期間工数契約，派遣契約に応じたマネジメント関係を構築する．

　専門職の種類についてはITSS, ETSSを参照し，定義する．一般のマネジメント層については階層別に質と量を確保する．

⑥「プロセス能力　質の育成(教育・訓練など)」
　設備の能力については機能，性能，ばらつきについて検討する．
　人的資源については人財育成計画を立て，実行する．マネジメント技術は資質により差があるが，それ以上に修得するのに時間がかかる．知識教育で修得できる分野，訓練が必要な分野，専門家による指導が必要な分野があることに留意して育成する．

⑦「プロセス能力の活用方法の構築」
　人的資源については技術者，担当者として活用する場合，階層別管理層として活用する場合，分野別の専門家としてレビューアとして活用する場合，指導者として活用する場合，さらに支援スタッフとして活用する場合とがある．

⑧「プロセス能力の配備」
　分野別の専門家は組織としてプロジェクト外の要員として配置し，指導者は上位管理者層の依頼を受け自由に活動できるように配置し，支援者はスタッフとして配置し，技術者，担当者，階層別管理層はプロジェクト組織に組み込む．

⑨「プロセスの計画」
　プロジェクトごとにプロセスフローを定義し，プロセスごとにプロセス定義書に基づいて，誰が，いつまでに行うかプロセスの計画を立てスコープマネジメント計画として作成する．

⑩「プロセスの実行」

プロセスを実行する際には，プロセスへの開始条件及びインプットを確認し（着手点検），成果物（アウトプット）を確認し，追跡可能性の観点で検討項目を確認し，技術力の要件を確認し，当該技術者・担当者の能力との差異を把握し必要であれば指導体制を検討し，結果を確認し，検証し（結果点検），終了判定を行う．

⑪「プロセスの管理（コントロール），プロセス能力の強化」

アーンド・バリューなどを用いてプロセスの進行状況を管理する．能力が不足であれば指導を行う．例外事項が発生した際には上位層にエスカレーションする．

[参考文献]

1) 櫻井茂男(2009)：『自ら学ぶ意欲の心理学—キャリア発達の視点を加えて—』，有斐閣.
2) JIS Q 9005：2005　質マネジメントシステム—持続可能な成長の指針.
3) 宇野哲人(1980)：『論語新釈』，講談社.
4) ロジャーS.プレスマン 著／西 康晴，榊原 彰　内藤祐史 監訳　古沢聡子，正木めぐみ，関口 梢 翻訳(2005)：『実践ソフトウェアエンジニアリング—ソフトウェアプロフェッショナルのための基礎知識—』，日科技連出版社.
5) Project Management Institute, Inc：『プロジェクトマネジメント知識体系ガイド』，Project Management Institute, Inc.
6) JEAC 4111-2003　原子力発電所における安全のための品質保証規程，社団法人日本電気協会 原子力規格委員会.
7) JIS Q 9001：2008　品質マネジメントシステム—要求事項.
8) JIS Q 9004：2010　組織の持続的成功のための運営管理—品質マネジメントアプローチ.
9) マックス・ウェーバー 著／阿閑吉男，内藤莞爾 訳(1987)：『社会学の基礎概念』，恒星社厚生閣.
10) JIS Q 9006：2005　質マネジメントシステム—自己評価の指針.
11) 佐藤允一(1984)：『問題構造学入門—知恵の方法を考える—』，ダイヤモンド社.

第4章 構造モデルを用いた原因分析法の事例

はじめに

(1) 意　図

　原因分析技術には「なぜなぜ問答法」など複数の種類があるが，体系的な知識があるとより有効な原因分析ができる．このことを理解するために，第3章で示した「構造モデル」を用いた原因分析の事例を示す．

　この構造モデルを用いた原因分析が，欠落している要因を分析できること，慢性的に発生している場合の原因分析法としても有効な方法であること，さらに診断のための技法の例として有効であることを理解してもらいたい．

(2) 内　容

慢性的問題，マネジメント問題，技術問題に分けて原因分析の事例を示す．
① **慢性的に問題が発生しているケース**
- 3.2節「組織及び個人の自律性」の構造モデルを用いて，「改善活動が慢性的に不振」について分析した事例を，4.1節に示す．
- 3.9節「プロセス保証」の構造モデルを用いて，「レビューで漏れた（慢性的問題発生）」について分析した事例を，4.2節に示す．

② **マネジメント問題が多発しているケース**
- 3.4節「マネジメント技術」の構造モデルに基づいて，「マネジメント問題が多発している（マネジメント力不足）」について分析した事例を，4.3節に示す．
- 新たな構造モデル（「マネジメント能力学習」の構造モデルに相当する）を示し，「マネジャが育たない（改善問題）」について分析した事例を，4.4節に示す．

③ **技術問題が発生しているケース**
- 新たな構造モデル（「技術者育成」の構造モデル）を示し，「技術者が育たない（課題未達）について分析した事例を，4.5節に示す．

(3) 記載方法

各分析事例では，分析の問題として発生している現象を示し，その分析のために適用する構造モデルを選んでいる．そして，選んだ構造モデルの大枠を示し，大枠ごとに現象が発生する要因を分析し，主要な原因を示している．さらに，必要に応じて補足説明を追加し，図に大枠の番号や説明項目番号を記載してある．

(4) 読み方

本章では，現象を構造モデルと対比して，構造モデルに記載してある要素の欠落，あるいは不足を分析している．

例えば 4.3 節の「マネジメント問題が多発している」分析事例では，「品質会議の際，管理者や経営者が品質問題について差異があると叱責し，予算会議ではコストについて差異があると叱責し，進捗会議では進捗について差異があると叱責している」現象を取り上げている．これは定常的に行っている機能別管理会議で，問題（品質・予算・納期など）が発生するごとにそれぞれの会議で個別に対応していることを示している．この現象は，「マネジメント問題発生」の構造モデルでの「マネジメント設計」が欠落していることが原因だと分析している．すなわち各種のマネジメント問題の認識が不足し，それらを統合的にマネジメントする方法を設計するプロセスが欠落していると分析している．

この分析を行う際には「マネジメント設計」のプロセスの役割とその内容だけではなく，JIS Q 9006「質マネジメントシステム―自己評価の指針」に記載されている改善・革新・学習の類型，そのレベルに対応した現象の類型，成功事例，あるいは失敗事例の知識を補って読む必要がある [1]．

(5) 活用方法

「なぜなぜ問答」などで原因分析を行った後で，この構造モデルを用いた原因分析を行うと，原因分析範囲が狭かったことや原因分析が浅かったことが理解できることが多い．

構造モデルを用いた分析は，要因構造全体を幅広く分析することができるので，原因が数多く判明する．しかし判明した原因すべてを改善の対象にするのではなく，技術者，スタッフ，管理者，経営者など，分析対象者の責任権限と目的達成型行動での学習過程（成熟度）に応じて改善対象原因を絞ることが重要である．すなわち，JIS Q 9004「表 A.1 主要要素の自己評価—主要要素に対する成熟度レベル」や JIS Q 9006「質マネジメントシステム—自己評価の指針」でレベル 1 の段階にある場合は，レベル 5 相当で既に行われている項目のかなりの項目が構造モデルを用いた原因分析で原因として列挙されている可能性が高い[1),2)]．多くの項目を改善項目として列挙すると，改善活動が挫折し，問題が再発する可能性が高いので，当該レベルの範囲での原因，次の成熟度レベルの範囲での原因に絞って着実に改善することが望ましい．

4.1 改善活動が慢性的に不振

プロジェクトごとに改善活動を行うように指示したが，今まで通りに業務を遂行するだけで，いつまでたっても改善しようとしない（改善活動の指示を常に無視している）．

(1) 状況の把握

会社の業績上の要請により，すべての業務の効率化を行うよう方針が出された．工場では改善活動が活発に行われている．しかし商品開発プロジェクト業務では，要求仕様書に記載された内容を決められた期日までに完遂すれば成果があったとし，開発組織全体が業務を改善しようとしない．

(2) 発生メカニズムの全体像

「組織及び個人の自律性」の構造モデル（図 4.1）に従ってこの慢性的に改善活動が不振になっている構造の仮説を立て，検証する．
■問題認識のメカニズム：改善活動をなぜ行うのかについての構造には，A

4.1 改善活動が慢性的に不振　149

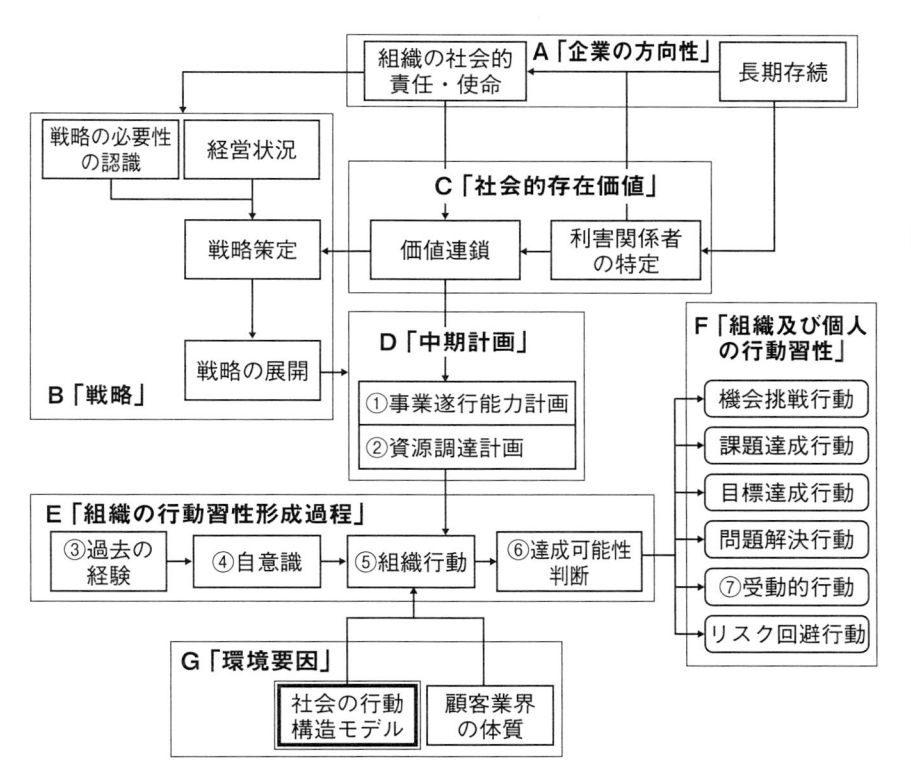

図4.1 「組織及び個人の自律性」の構造モデル

「企業の方向性」，B「戦略」，C「社会的存在価値」がある．

■**計画のメカニズム**：改善活動が行われるためには，D「中期計画」に織り込まれることが望ましい．それには①「事業遂行能力計画」と②「資源調達計画」が作成されていることが望ましい．

■**問題解決活動のメカニズム**：計画が達成されるためには，当該プロジェクトチームのE「組織の行動習性形成過程」が行動の要因としてあり，それには③「過去の経験」（改善の成功体験，失敗体験，改善行動を回避した場合の影響な

ど），④「自意識」（改善できる能力があると思うか，自信があるか），⑤「組織行動」（改善に対する支援・指導・動機づけなど），⑥「達成可能性判断」（改善可能かの判断），その結果としてのF「組織及び個人の行動習性」がある．今回，G「環境要因」は要因として影響していないので除外する．

(3) 仮説モデルの検証による原因の解明

特定の上司が担当している複数プロジェクトの改善活動状況を，「組織及び個人の自律性」の構造モデルをもとに調査した．

1) 問題のメカニズムについての分析

A「企業の方向」

なぜ改善が必要かは理解しているが，商品開発プロジェクト業務を完遂すればよいとして改善活動を行っていなかった．このことは構造モデルからすると，企業の方向性が浸透していないことを示している．

B「戦略」

上司の階層で業務遂行が強く指示され，効率化戦略が業務遂行施策と整合せず，部下に伝わっていなかった．このことは構造モデルからすると，効率化戦略の必要性が認識されておらず，戦略が展開されていないことを示している．

C「社会的存在価値」

組織及び社員にとって会社の業績がなぜ必要か（事業の存続，従業員給与の源泉など）が理解されていなかった．価値（改善効果）を生み出さないと，どのような影響（顧客満足度が低下し，業績が悪化し，給与に影響するなど）があるかを理解していなかった．このことは構造モデルからすると，当該プロジェクトで改善しないことが利害関係者にとってどのようなニーズ・期待を満たさず，価値の低下に結びつくのかを理解していないことを示している．

2) D「中期計画」についての分析
①「事業遂行能力計画」と②「資源調達計画」

プロジェクトを遂行するためのスコープマネジメント計画の対象に改善活動工数が登録されておらず，改善活動のための能力（質）と工数（量）の計画が立案されていなかった（改善活動を行う計画はなかった）．このことは構造モデルからすると，①「事業遂行能力計画」と②「資源調達計画」の欠落を示している．

3) E「組織の行動習性形成過程」についての分析
③「過去の経験」

過去，プロジェクト遂行中に改善活動を行わなかった際，上司はプロジェクトの納期を強く指導し，それに関連して品質を重視するよう言っているだけで，改善についてはプロジェクト活動の最初からプロジェクトの納品まで何も言わなかった．このことは振り返りがないことを示している．

プロジェクト業務遂行とは全く別のタイミングで，上司が方針展開活動記録を作成する前になってから，なぜ改善活動を行っていないのかと言うだけであった．このことは構造モデルからすると，③「過去の経験」では，上司は改善活動をしなくても問題視していないことを示している．

④「自意識」

改善活動を行ったことがないため，自己評価できていない．また，改善の成功体験，失敗体験はなく，改善できるかどうかについての能力像（改善する能力があると思うか，能力がないと思うか）もなく，自信もない．この場合はリスク回避型行動あるいは受動的行動になり，改善活動は進まない．

⑤「組織行動」

改善に対する自己動機づけはなく，他者からの動機づけが必要であるが，上司からのオリエンテーション，改善方法の教育や指導はなかった．このことは構造モデルからすると，上司は⑤「組織行動」を行っていないことを示している．

⑥「達成可能性判断」

改善活動を行っていないので,改善が達成可能かどうかの判断には至っていない.

4) F「組織及び個人の行動習性」についての分析

強く言われているプロジェクトの納期・品質には対応するが,改善活動を自主的に行うには至っていなかった.このことは構造モデルからすると,⑦「受動的行動」を示している.

(4) 対応が必要な原因の特定

改善活動のための能力を指定した工数が,プロジェクト計画の段階でのスコープマネジメントの対象業務に登録されていない.

上司がプロジェクト活動との整合性のある改善活動を部下に指導できていない(上司への教育プロセスに原因がある可能性があるので,管理能力開発支援プロセスについて教育部門を対象に別途,原因分析を行う必要がある).

4.2 レビューで漏れた(慢性的問題発生)

設計でのレビューでしばしば漏れがあり,重要なクレームの原因になっている.

(1) 状況の把握

デザインレビューに上司と事業部門の専門家がレビューアとして参加している.フィールドで重要な品質問題が慢性的に発生しており,品質会議などで原因としてしばしばレビュー漏れを指摘されている.

(2) 発生メカニズムの全体像

「レビュー漏れ」の構造モデル(図 4.2)に従って構造の仮説を立て検証する.

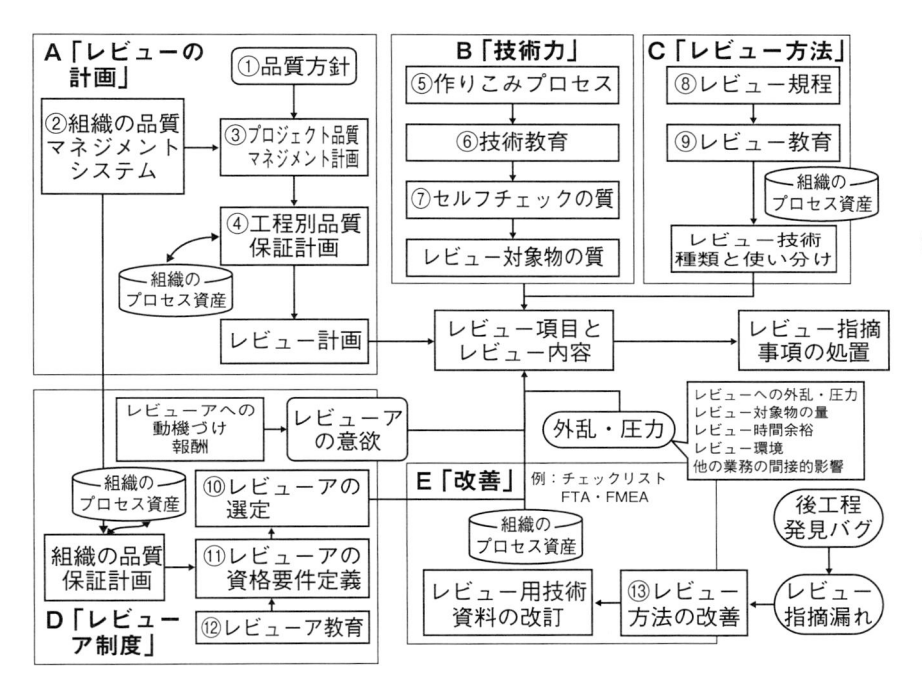

図4.2 「レビューで漏れた（慢性的問題発生）」の構造モデル

「レビュー漏れ」の構造は，A「レビューの計画」，B「技術力」，C「レビュー方法」，D「レビューア制度」，E「改善」の各項目から成り立っている．

(3) 仮説モデルの検証による原因の解明

特定のプロジェクト（シリーズ）の過去の複数事例から，「レビュー漏れ」の状況について構造モデルをもとに調査した．

1) A「レビューの計画」についての分析
①「品質方針」

工作機械向けであり安全性ランクⅡ（危害を発生する可能性のある商品）に相

当する．品質方針が技術的な品質方針課題ではなく，組織全体の結果目標が示されているだけで，日常の(開発)業務と連動していない．その結果，プロセスとプロセス技術基準に対応するまで展開されていない．

② **「組織の品質マネジメントシステム」**，③ **「プロジェクト品質マネジメント計画」**

今回の重要品質問題は，安全性問題であった．操作者が特定のシーケンスで操作し，そのタイミングでノイズが発生すると機器が誤動作し，駆動部の周囲1m以内に人がいると死亡する危険性があることが判明した．品質マネジメントシステムでの経営者の責任事項である．利害関係者のニーズ・期待の認識事項であり，プロジェクト品質マネジメント計画での特記事項(安全性ランクⅡプロセス修整内容適用事項)に明記するべき項目であるが，欠落している．

④ **「工程別品質保証計画」**

上記の欠落の結果，この安全性要件が工程別品質保証計画に展開されていない．

2) B「技術力」についての分析

⑤ **「作りこみプロセス」**

対象ソフトウェアについて要求仕様書，機能設計書，詳細設計書，テスト仕様書類を調べたが，安全性について記載されていない．

⑥ **「技術教育」**

安全性について⑤「作りこみプロセス」で必要な技術を特定し，⑥「技術教育」を実施すべきである．安全性問題の発生を未然防止する技術について，組織の資産と組織の能力(技術力)について調査したが，存在していない．技術教育資料も調査したが，安全性技術が欠落しており，品質保証技術教育についても欠落している．

⑦ **「セルフチェックの質」**

実際のデザインレビュー指摘事項を調べたところ，誤字や設計項目漏れなど単純な見逃しが指摘されている．構造モデルからすると，セルフチェックが抜

けている．教育の基礎資料となるべき組織のプロセス資産に技術的な参考資料がない．

3) C「レビュー方法」についての分析
⑧「レビュー規程」
　実際のデザインレビューでの指摘事項を診断したところ，ドキュメントの形式的な非遵守事項，用語の間違い，機器の制御に関するハードウェアとソフトウェアとのインタフェースの指摘であった．指摘事項が見つかると，上司から叱責され，「今までもしばしばこの程度の問題があるから重要な問題が発生するのだ」と指導があった．⑧「レビューの規程」が守られていない．

⑨「レビュー教育」
　上司がレビューの場で叱責するようでは，⑨「レビュー教育」の内容を理解しておらず，レビューの使い分けもできていない．デザインレビューが初歩的なレビューのレベルに留まっている．チェックリストを使用しているが，安全性問題が欠落している．

4) D「レビューア制度」についての分析
⑩「レビューアの選定」
　デザインレビューが開催されていることはデザインレビュー記録票で確認した．レビューアは，プロジェクトマネジャとその上司，及び事業部門の専門家3名（ソフトウェアの専門家，ハードウェアの専門家，品質保証の専門家）であった．しかし，安全性についてレビューアが選定されていない．

⑪「レビューアの資格要件定義」
　構造モデルからすると，組織の品質保証計画（工作機械向けのコンポーネント機器の品質保証技術とマネジメント計画）に基づく⑪「レビューアの資格要件定義」に安全性の専門家とその技術的適合性要件が欠落している．さらにレビュー項目とレビュー内容においても安全性及びその安全性設計技術基準が欠落している．

⑫「レビューア教育」
　レビューアに対して安全性ランクⅡに対応した教育が欠落している．

5)　E「改善」についての分析
⑬「レビュー方法の改善」
　過去の障害事例は保存されているが，ただのレビュー漏れとして扱っているだけで技術的内容が特定できていない．レビュー方法の改善として重要品質問題の現象そのものをチェックリストに追記しているだけで技術的な裏づけがないため，再発している．

6)　その他についての分析
　レビュー対象物件の技術水準が低いためにレビューの効果及び効率が低下し，見逃しが発生している．レビューアへの動機づけ，レビューアの意欲は特に問題はなかった．

(4)　対応が必要な原因の特定
　安全性についての技術力がないため，レビューが効果的になっていない．その結果，組織の品質マネジメント計画（マネジメント），組織の品質保証計画（技術）が形式的になっており，安全性ランクⅡに対応した教育が欠落している．

4.3　マネジメント問題が多発している（マネジメント力不足）

　特定のプロジェクトではなく，特定のマネジャが担当する複数のプロジェクトで納期，品質，コストなどの問題を次々と起こしている．

(1)　状況の把握
　そのマネジャは問題が顕在化してから部下を叱責するだけで，計画は部下任

せにしている．品質会議の際には品質問題について差異があると部下を叱責し，予算会議ではコストについて差異があると部下を叱責し，進捗会議では進捗について差異があると部下を叱責している．部下を追及するだけで自身では分析せず，原因が判明すると部下に対策を講じるよう命令している．

(2) 発生メカニズムの全体像

「マネジメント問題発生」の構造モデル（図4.3）に従って仮説を立て検証する．

「マネジメント問題発生」の構造は，A「マネジメント問題認識」，B「マネ

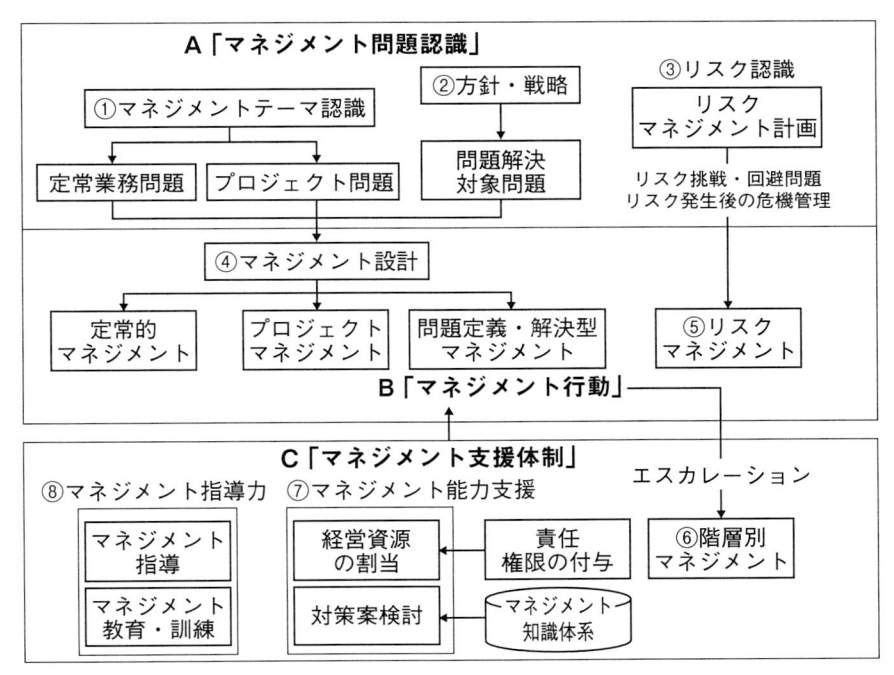

図4.3 「マネジメント問題発生」の構造モデル

ジメント行動」，C「マネジメント支援体制」から成り立っている．

（3） 仮説モデルの検証による原因の解明
　当該マネジャの特定のプロジェクトでのマネジメント行動について，「マネジメント問題発生」の構造モデルをもとに調査した．

1）　A「マネジメント問題認識」についての分析
①「マネジメントテーマ認識」
　プロジェクトマネジメント問題と定常的（機能別）マネジメントとの関係を理解せず，発生した問題（品質・予算・納期など）ごとにそれぞれの管理会議で個別に対応し，マネジメントが統合されていない．
②「方針・戦略」
　改革や戦略に対応した課題の達成を期待されているのではないので，今回は該当しない．
③「リスク認識」
　リスクマネジメント計画書がなく，リスク要因の影響度と発生頻度を考慮した未然防止策は立てられていない．リスクマネジメントそのものが欠落している．

2）　B「マネジメント行動」についての分析
④「マネジメント設計」
　このマネジャは品質会議，予算会議，進捗会議（プロジェクトマネジメント会議）ごとに個別に対応し，定常的マネジメントとプロジェクトマネジメント，さらには問題解決マネジメントが統合されていないので，④「マネジメント設計」に問題がある．
　本来は品質を管理するのではなく，予算を管理するのでもなく，進捗を管理するのでもなく，プロセスが管理状態にあるかどうかを品質情報，コスト情報，進捗情報で管理する．プロセスのマネジメントが設計されておらず，実行

されていない．プロセスアプローチを理解せず，経験に基づいてマネジメントを行って，結果を管理しているだけであり，マネジメントサイクルになっていない．

⑤「リスクマネジメント」

⑤「リスクマネジメント」そのものが欠落しているため，リスク兆候の監視が行われていない．リスクが顕在化してからリスク受容策，リスク緩和策を検討するため，対策検討に時間がかかりマネジャ自身も，部下も，ストレスも多い．また，対策の効果が限られている．未然防止策の実行だけではなく，リスク受容策，リスク緩和策の事前検討が望まれる．

3) C「マネジメント支援体制」についての分析

⑥「階層別マネジメント」

定常的マネジメント，プロジェクトマネジメントにおいてマネジャが何を分担するかが明確に規定されておらず，指導もされていない．また，例外事項が発生した場合のエスカレーションルールも定まっていない．

⑦「マネジメント能力支援」

しばしば叱責しているのは，マネジャ自身に，どのように分析すればよいのか，原因が判明したらどのような対策があるのか，対策を実行するためにはどのような権限が必要か，権限を獲得するためにはどのような交渉が必要かなど，マネジメント能力がないことが原因になっている．マネジメント上の責任・権限，その行使の方法を確立し，指導する必要がある．また，マネジメント対策案検討のための組織としてのマネジメント知識の体系も整備されていない．

⑧「マネジメント指導力」

このマネジャのマネジメント方法は，担当者だった頃に当時の上司から管理されたマネジメント方法の範囲を抜け出ていない．このマネジャは，部下への⑧「マネジメント指導力」が欠落している．また，このマネジャに対する上司からのマネジメント指導も不足しており，組織としてマネジメント教育・訓練

が不足している．

（4） 対応が必要な原因の特定
　プロセスマネジメントが欠落している．また，マネジメント教育が不十分であり，それを補うためのマネジメントの指導体制も不足している．さらに，マネジメントの効果を上げるためのリスクマネジメントが欠落している．

（5） 補足説明
　思考型の傾向が弱く行動型の傾向の強い人は，マネジメント教育を受けただけでは計画を立てようとしない場合がある．そのような行動習性のある人には，思考能力を使わないでもできるようにマネジメントの知識体系を整備し，実行させ，体で覚えさせる．

　定常業務は期間ごと（月別，四半期別，年度別）に行うが，プロジェクトは納期に向けてプロセスを実行することによって行うので，個別に対応していると整合がとれなくなる．定常業務で発生するマネジメント課題も，プロジェクトに展開することが重要である．これを構造モデルでは，④「マネジメント設計」と名づけた．

　受注型プロジェクトでは，プロジェクトごとの予算面での独立性が強いのでマネジメント設計も容易であるが，商品開発型プログラムは年度ごとに計画され，運営されるので，定常的マネジメントの影響が強い．マネジメントを成功させるためには，定常的マネジメントとプロジェクトマネジメントの整合を図るための④「マネジメント設計」が重要である．

　なお，小集団活動でも期間ごとのマネジメントではなく，プロジェクトサイクルマネジメントに連動させる．

4.4　マネジャが育たない（改善問題）

　マネジャが自分自身で業務を遂行し，部下を使って業務を遂行しようとしな

い．

(1) 状況の把握

主任からマネジャに昇格したのに，業務を自分自身で行っていて，部下に任せようとしない．その結果，当人は忙しく仕事をしているが部下は仕事がなく，上司の業務を見ているだけである．

(2) 発生メカニズムの全体像

マネジャを育成するための「マネジャが育たない」の構造モデル(図 4.4)に従って仮説を立て，検証する．

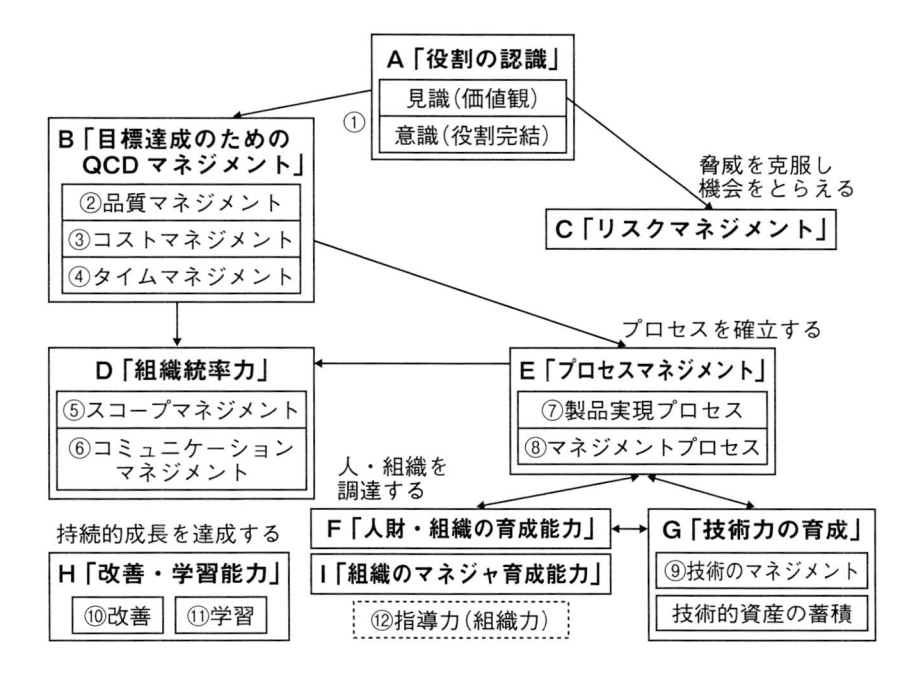

図 4.4 「マネジャが育たない」の構造モデル

マネジャを育成するための「マネジャが育たない」の構造は，A「役割の認識」，その役割を果たすためのB「目標達成のためのQCD（品質・コスト・納期）マネジメント」，将来の脅威を克服し，機会を捉えるためのC「リスクマネジメント」，マネジメントを実行するためのD「組織統率力」，プロセスを確立し実行するためのE「プロセスマネジメント」，プロセスで必要な人財・組織を育成するためのF「人財・組織の育成能力」，プロセスで必要な技術力を調達するためのG「技術力の育成」，H「改善・学習能力」，I「組織のマネジャ育成能力」から成り立っている．

（3） 仮説モデルの検証による原因の解明

昇格直後の特定マネジャの状況について，「マネジャが育たない」の構造モデルをもとに調査した．

1） A「役割の認識」についての分析
①「見識・意識」
価値連鎖や業務で達成すべき成果などは理解しているが，組織としての効率など，事業の観点からの役割認識が欠落している．業績を追求することに集中していて，メンバーの仕事を通した達成感ややりがい，そして人財育成などが考慮されていない．また業績を達成するための業務遂行は行っているが，目標，方針や計画が明確ではない．

2） B「目標達成のためのQCDマネジメント」についての分析
②「品質マネジメント」
目標を達成するための技術は身についているが，マネジメント力が欠落している．品質目標を達成するためのマネジメントサイクルは欠落している．
③「コストマネジメント」
コスト目標も忘れて技術的問題の解決に集中している．

④「タイムマネジメント」
同様に，納期を守るためのマネジメントサイクルも不足している．

3) C「リスクマネジメント」についての分析
自身で行っている行動も，問題が発生してから対応策，影響緩和策を検討しており，リスク要因を事前に検討しておらず，リスク兆候の監視もしていない．また，未然防止策も不十分である．

4) D「組織統率力」についての分析
⑤「スコープマネジメント」
要員全体の業務が明確ではない．当人の業務は実行されてはいるが，業務範囲が明確に定義されていないので，上司も部下も当人の業務分担を理解できていない．
⑥「コミュニケーションマネジメント」
業務を明確にブレークダウンしていないこともあり，上下間での責任と権限，分担も明確になっていないので，問題が発生してから擦り合わせを行わざるを得ない状況にある．

5) E「プロセスマネジメント」についての分析
⑦「製品実現プロセス」
⑦「製品実現プロセス」がマネジャの暗黙知になっており，形式知化されていない．目標を達成するためのマネジメントが個別の機能別マネジメントの視点でばらばらに行われており，プロセスを重視したマネジメントになっていない．
⑧「マネジメントプロセス」
⑧「マネジメントプロセス」については実行されていないだけではなく，意識も欠落している．組織のプロセス資産，特にマネジメントプロセスの資産が不備であるため，組織の経験知が継承されていない．

6) F「人財・組織の育成能力」についての分析

自身で担当業務を遂行する理由は，部下よりも自身で行うほうが早く確実にできるとマネジャが考えているからであった．このことは，部下の育成を考慮していないことを示している．このことは技術者・作業者の人財の育成，同様に外部の組織も活用できていないことを示している．

7) G「技術力の育成」についての分析
⑨「技術のマネジメント」

自身で行うほうが早くできると当人は思っているが，その範囲は既存の技術領域に限定されていて，新規の技術課題に対しても従来からの技術で対応しようとしている．技術戦略や組織の技術開発計画と対応していない．事前に把握している技術課題の範囲が限定されている．

8) H「改善・学習能力」についての分析
⑩「改善」

当人は，マネジメント力も技術力も技術者当時から進歩していない．

⑪「学習」

当人は，技術者当時のままの技術的業務に固執していて，組織で期待されている業務(マネジメント)の⑪「学習」はしていない．

9) I「組織のマネジャ育成能力」についての分析
⑫「指導力」

このケースでは当人にも多くの原因と課題があるがそれだけではなく，組織としてマネジャへのマネジメント指導が欠落している．上司がより現場管理を行う必要がある．当人は技術指向が強いが，マネジャとして素質があるかどうかも疑問があり，技術者としての適性，マネジャとしての適性を判断し，適性に応じた育成と指導が必要と思われる．適材適所かどうか疑問がある．

(4) 対応が必要な原因の特定

技術者として自身に誇りを感じていて，マネジャへの意識の転換ができていない．適性に応じた役割分担と教育が不足している．現場での指導も不足している．

4.5 技術者が育たない（課題未達）

技術者本人は技術について自信を持っているが，実際に開発を担当させると，新しい課題や従来よりも多少難しい課題は達成できない．

(1) 状況の把握

技術者本人は技術について自信を持っているので新しい課題を担当させようとしたが，理由をつけて担当しようとしない．無理に担当させると基本設計ができない．従来の技術の範囲しかできず，新しい技術を修得できない．

そこで従来の技術が適用できる課題を与えたが，従来よりも難しい課題だったため，やはり課題達成できなかった．技術者として育っていない．

(2) 発生メカニズムの全体像

「技術者育成」の構造モデル（図4.5）に従って仮説を立て，検証する．

「技術者育成」の構造は，A「方向づけ」，当人のB「能力の自覚」，当人のC「能力」，D「研鑽」（教育・学習），E「意欲」，F「環境条件」，及びG「指導体制」から成り立っている．

(3) 仮説モデルの検証による原因の解明

具体的な個人について，「技術者育成」の構造モデルをもとに調査した．

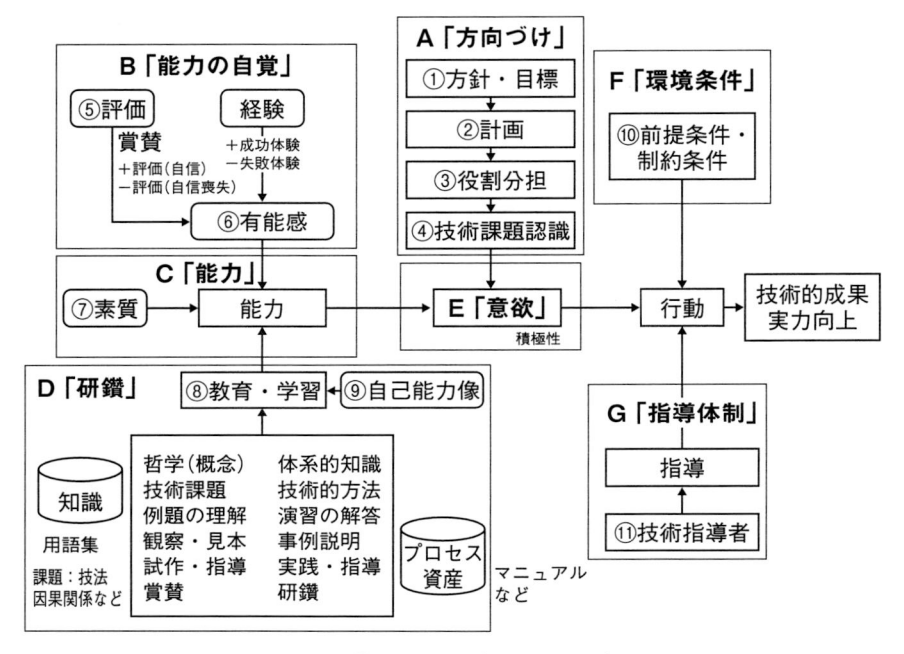

図 4.5 「技術者育成」の構造モデル

1) A「方向づけ」についての分析

① 「方針・目標」

　当人はプロジェクトの方針や目標は理解している．

② 「計画」

　プロジェクト計画も当人は理解している．

③ 「役割分担」

　プロジェクトで技術の中核としての役割を果たすことが期待されていることも当人は自覚している．

④ 「技術課題認識」

　中核の技術者であってもプロジェクトで必要となる新しい技術課題，及び従

来よりも複雑な技術課題については内容を正確には理解できていない．勉強不足で，従来の技術でできるだろうと漠然と思っている．

2) B「能力の自覚」についての分析
⑤「評価」
　過去のプロジェクトで技術力を発揮し，成功させたと自覚しており，成功体験はある．上司からの評価も従来のプロジェクトでは高かった．
⑥「有能感」
　その結果，自身の能力については有能であると思っている．

3) C「能力」についての分析
⑦「素質」
　抽象的理解力が弱く，具象的理解力が強い．文章を読んだり，人から説明を聞いたり，人に説明するよりも実際に行って覚えるほうである．技術資料も例題で理解しようとする（説明だけだと理解できないことがある）．基礎の学力は工業高等専門学校卒業の平均的レベルで，大学卒業レベル，大学院修了レベルではない．過去に経験したことはできる（テクニシャンレベル）が，変化があると実行してみてから修正しないとできないし，経験したことがないものは例題がないとできない．正解がなく暫定解しかないものは全くできない．学会レベルの新しい概念や技術的内容は理解できていない．

4) D「研鑽」についての分析
⑧「教育・学習」
　学会での先端の概念を理解しようとせず，新しい技術課題，新しい技術も修得しようとしていない．事例と技術サンプルがないと理解できない．なお，組織として知識体系，プロセス資産が整備されていないので各技術者自身で知識ベースを構築し，プロセス資産を収集する必要がある．当人は個人としての知識ベースもプロセス資産も構築しておらず，収集もしていない．

⑨「自己能力像」

　自己の能力について，学習によって技術力が伸びるとは当人は思っていない．事例から学ばないとわからないと自覚している．⑨「自己能力像」は体験的成長型である．

5) E「意欲」についての分析

　経験がある技術領域に当人はこだわっている．従来の領域に対しては意欲があるが，新しい技術領域に対する意欲は少ない．

6) F「環境条件」についての分析

⑩「前提条件・制約条件」

　前回のプロジェクトも，今回のプロジェクトも競争が激しい分野であり，開発期間が6カ月で，新規技術修得のための試行錯誤期間は設けることができないし，プロトタイプ開発法は採用できない．プロジェクト終了直前に発生するバグの数を減らすよう品質改善し，併せてDRなどで難易度の高いバグの発生を防止するよう重点的品質保証を行い（品質の作りこみ），さらに発生したバグの原因を究明するためのトラブルシューティング技術をチーム内に指導し，バグの原因究明を部下に任せられるようにして，自身は次の新しい技術の修得に努める余裕を生み出す以外に技術を修得する方法はない[3]．

7) G「指導体制」についての分析

⑪「技術指導者」

　この技術者は組織の内部で年長者に属する（年功序列の影響もある）ため，この技術者に対して技術指導を行う人財はいない．

(4) 対応が必要な原因の特定

　この技術者に対する研修が欠落し実質的にこの技術者は陳腐化している．また，新規技術を担当する若手が育っていない．中堅技術者育成計画がない．

(5) 補足説明

このケースのように，技術領域によっては，10年程度で技術革新が起きるので，陳腐化する技術者は数多く発生する（35歳定年説）．入社時から警告し，継続的な学習が重要であることを勧告しておく．さらに，学習時間の確保と相互啓発の環境を構築するよう配慮することも重要である．

技術の領域によっては，3年程度であるレベルの課題はできるようになることがある．その場合，本人が自惚れないように次々と体系的に難しい課題を与える．システム技術など，正解がわからない技術領域の場合には相互研鑽か，あるいはその道の専門家による指導を受けないと実力は伸びない．

年功序列的風土があると上級者が新しい課題に挑戦しようとしないため，新しい課題への取り組みが遅れたり，指導する人財が確保できなかったりする．外部のセミナーや学会などへの参画を推奨することも考慮する．

技術者の素質，能力の類型を分析し，それに応じた技術指導を行う．

[参考文献]
1) JIS Q 9006：2005 質マネジメントシステム—自己評価の指針．
2) JIS Q 9004：2010 組織の持続的成功のための運営管理—品質マネジメントアプローチ．
3) 金子龍三（2005）：『先端技術者のためのトラブルシューティング技術』，日科技連出版社．

第5章

プロセスネットワークモデルを用いた原因分析法（PNA法）

―目的達成型問題の原因分析法の事例―

はじめに

(1) PNA法開発の意図

第1章でも説明したように，「なぜなぜ問答法」は修得が難しい技術で，人や組織が要因に含まれるソフトウェア開発やシステム開発などが対象の場合には的確な原因分析ができ難い．そこで，"開発部門の管理職や品質保証部門の専門家が比較的容易に修得できる"原因分析技術として，「Process Network Analysis(PNA)法」を開発した．

納期までに成果を出すタイプのプロジェクト型業務を対象にした原因分析では，最初の状況把握段階で実行したプロセスを調査し，プロセス間の相互関係を分析する．これは生産工場での工程分析技術に基礎がある．プロジェクト型業務では何を作るのか(方針，計画，要求定義)，どのようなプロセスで作るのか(設計，検証，生産移管など)も分析し，プロセス能力(資源・知識・技術・資産)の調達プロセス(人的資源調達プロセス：人財の採用・育成プロセス，技術指導プロセスなど)も分析する．

品質マネジメントシステムではこのプロセス群をプロセスのネットワーク(JIS Q 9004：2010　7.1)と言っているので，その概念を使用してPNA法と名づけた．

(2) PNA法の内容

PNA法では製品実現プロセスフローについての原因分析，特定したプロセス(群)についての原因分析，そして"支援プロセス"についての原因分析を行う．PNA法の進め方は次の通りである．

■ STEP 1：問題の把握　分析対象を確認する(いつ，どの工程で，誰が発見したか)

■ STEP 2：状況把握　プロセスフロー(方向づけ＋計画＋製品実現プロセス)を調査する

■ STEP 3：プロセスフローの分析　入出力の相互関係(追跡可能性)を分析す

る
- ■STEP 4：プロセスの分析　プロセスを特定し，特定したプロセスの品質保証内容を分析する．プロセスのインプットとアウトプットとの追跡可能性の関係（工程別品質保証項目の展開状況を含む），詳細プロセスフロー（設計順序）も分析する
- ■STEP 5：プロセス能力の分析　特定したプロセスのプロセス能力要素，人的資源調達プロセス（支援プロセス）を分析する
- ■STEP 6：マネジメントプロセスの分析　プロセスのマネジメント（工程別品質保証計画，指導，点検管理，レビュー，修正，結果管理，改善，保証），プロジェクトマネジメント，階層別管理などを分析する
- ■STEP 7：分析のまとめ　改善課題を抽出する
- ■オプション：改善計画の作成

プロセスに抜けがあるとSTEP 3までで原因が判明し，STEP 7に移ることがある．また，プロセスの定義漏れがあるとSTEP 4までで原因が判明し，STEP 7に移ることがある．

(3)　記載内容

- 組織活動全体の結果品質の事例として出荷後のフィールド品質問題「顧客の要求仕様通りだったのに」の分析事例を，5.1節に示す．
- 製品実現プロセスの開始前でのマネジメント問題として，意思決定の遅れ問題「開発計画の策定が遅れている」の分析事例を，5.2節に，業務開始時にリソースが不足している問題（経営者・管理者責任を果たしていないことを示唆している）「要員が足りない」の分析事例を，5.3節に示す．
- 業務開始後の問題として，技術力不足問題「タイミング問題が発生した」の分析事例を，5.4節に，技術検証問題「改造時にレビューで漏れた」の分析事例を，5.5節に，結合検査時の問題「潜在バグ問題」の分

析事例を 5.6 節に示す．
- 納期直前でのマネジメント問題の例として，開発遅れ問題「品質問題のために納期を守れそうにない」の分析事例を，5.7 節に示す．
- 原因分析の代表的な問題（演習問題相当）として，操作性問題「画面が切替できず次の処理に移れない」の分析事例を，5.8 節に，使い難さ問題「初心者には使い難い」の分析事例を，5.9 節に示す．

それぞれの事例では，PNA 法のステップに従って原因分析を行い，分析全体像の把握を容易にするために分析図を記載している．分析図では改善の対象候補となる原因を「＊」で，疑いのある項目を「？」で示している．STEP 7 の分析のまとめで確認された真の原因を示している．

(4) 読み方

各事例の分析図は実際のプロセスを知るために発生したプロセスからさかのぼってプロセスの順序を調査し，プロセスのインプット，アウトプットが相互に欠落していないか，内容に不足がないか，アウトプットに必要な項目がインプットあるいはプロセス能力から得ることができるかどうかを分析して作成されている．

STEP 3 のプロセスフローの分析で，入出力の相互関係（追跡可能性）を分析するとプロセスのインプットがないことやインプットの項目抜けがあり，そのことからプロセス抜けが簡単に発見できることも説明している．事例にも示しているように，フィールド出荷後の障害の場合にはしばしばフィールドでの使用条件を知らないことが原因であることが多い．利害関係者を特定し，そのニーズ及び期待，ライフサイクル中のシーン・シナリオ，特にあってはならないことを開発中に明確にすることの重要性が理解できるであろう．

どのプロセスが原因であるかは，過去のプロセスを分析するのではなく，次の機会ではどのプロセスで品質を保証するかを検討することにより分析する．

(5) 活用方法

分析事例を理解するだけではなく，実際の問題に適用することを推奨する．

原因分析技術は，分析者自身は原因を分析できたと確信しやすい傾向があり，分析者自身だけでは分析不足や分析の誤りに気がつきにくい．このPNA法はプロセスのインプット，アウトプット，プロセス能力，そしてプロセスの相互関係を分析する方法であるために比較的検証しやすい．

しかし，PNA法でもプロセス能力の調達プロセス（支援プロセス）の分析は漏れが出やすい．またプロセスの分析で漏れを発見するためには専門的な知識が必要である．そのため，原因分析技術を向上するためには，実際に分析を行った後で同僚や，固有技術・マネジメント技術の専門家に分析結果を説明し，レビューしてもらうことを推奨する．

5.1 技術課題認識問題「顧客の要求仕様通りだったのに」

■ STEP 1：問題の把握
- 顧客が作成した要求仕様書に基づいて開発したが，顧客受け入れ試験で例外処理・異常処理漏れが多発した．

■ STEP 2：状況把握
プロセスフローの調査（計画＋製品実現プロセス）を行った（図 5.1）．

■ STEP 3：プロセスフローの分析
- 顧客が要件開発を行っており，当社としての要件開発が欠落している．その結果，顧客が作成した要求仕様書に記載がなかった例外処理，異常処理が抜けている．
- 要件開発及び妥当性確認プロセスのインプットとしてニーズ・期待が抜けている．

■ STEP 4：プロセス（要件開発及び妥当性確認）の分析
- 要件開発プロセスにおいてニーズ・期待の理解が欠落しているため，正常処理だけを保証し，例外処理，異常処理が保証されていない．

顧客の要求仕様通りだったのに

受注

顧客が担当した

| プロセスマネジメント |
| Input 開始条件 | 要件開発 順序 | Output 終了条件 |
| 資源・知識・技術・資産 |

要求仕様書

＊開始時 DR 漏れ

| プロセスマネジメント |
| Input 開始条件 | PJ計画 順序 | Output 終了条件 |
| 資源・知識・技術・資産 |

PJ計画書

＊当社側での要件開発漏れ

＊リスクマネジメント

＊例外・異常・当たり前欠落

| プロセスマネジメント |
| Input 開始条件 | 要件開発 順序 | Output 終了条件 |
| 資源・知識・技術・資産 |

要求仕様書
要件分析書

総合検査仕様書

＊妥当性確認・DR 漏れ

？機能情報関連図作成漏れ

ニーズ期待

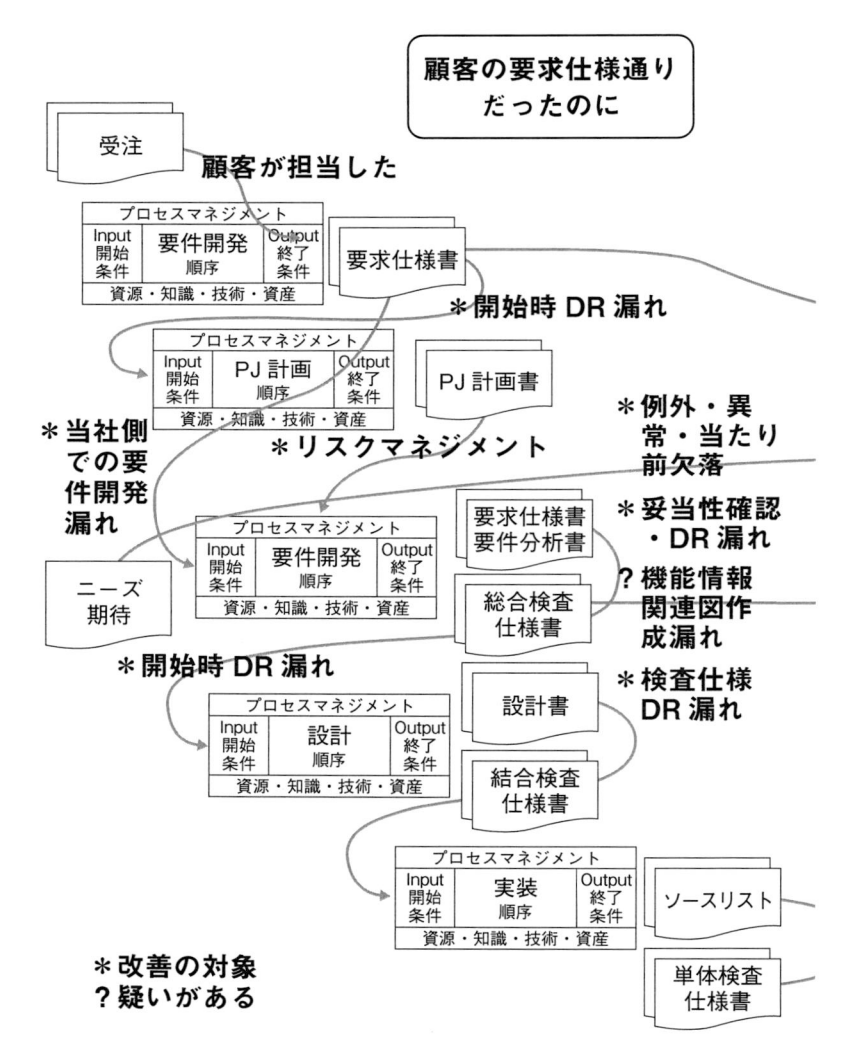

＊開始時 DR 漏れ

| プロセスマネジメント |
| Input 開始条件 | 設計 順序 | Output 終了条件 |
| 資源・知識・技術・資産 |

設計書

結合検査仕様書

＊検査仕様DR 漏れ

| プロセスマネジメント |
| Input 開始条件 | 実装 順序 | Output 終了条件 |
| 資源・知識・技術・資産 |

ソースリスト

単体検査仕様書

＊改善の対象
？疑いがある

図 5.1 「顧客の要求仕様通

5.1 技術課題認識問題「顧客の要求仕様通りだったのに」 177

発見工程：顧客受け入れ試験　　　分析年月日：YYYY/MM/DD
発見者：顧客運用責任者

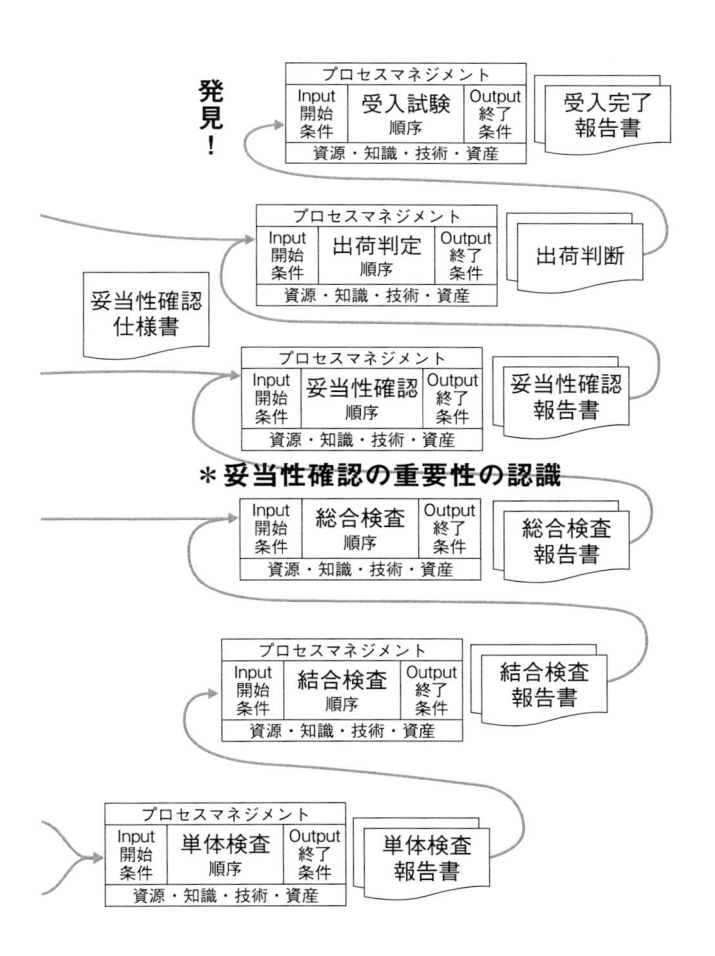

発見！

プロセスマネジメント
Input 開始条件 ／ 受入試験 順序 ／ Output 終了条件
資源・知識・技術・資産
→ 受入完了報告書

プロセスマネジメント
Input 開始条件 ／ 出荷判定 順序 ／ Output 終了条件
資源・知識・技術・資産
→ 出荷判断

妥当性確認仕様書

プロセスマネジメント
Input 開始条件 ／ 妥当性確認 順序 ／ Output 終了条件
資源・知識・技術・資産
→ 妥当性確認報告書

＊妥当性確認の重要性の認識

Input 開始条件 ／ 総合検査 順序 ／ Output 終了条件
資源・知識・技術・資産
→ 総合検査報告書

プロセスマネジメント
Input 開始条件 ／ 結合検査 順序 ／ Output 終了条件
資源・知識・技術・資産
→ 結合検査報告書

プロセスマネジメント
Input 開始条件 ／ 単体検査 順序 ／ Output 終了条件
資源・知識・技術・資産
→ 単体検査報告書

りだったのに」の PNA 分析

- 要件開発プロセスでは，妥当性確認仕様書のデザインレビューも漏れている．
- 妥当性確認プロセスにおいても顧客仕様ではなく，ニーズ・期待から行う．
- プロジェクト計画プロセスでリスクマネジメント計画が抜けている．

■ STEP 5：プロセス能力の分析
- 要件開発プロセスで顧客の要件開発技術力を評価できない．
- 当社側でも要件分析及び要件定義技術力が不足している．
- 妥当性確認プロセスで要件分析技術が不足している．

■ STEP 6：マネジメントプロセスの分析（省略）

■ STEP 7：分析のまとめ
- 妥当性確認の重要性を理解していない．
- 仕様変更などのリスクマネジメントも欠落している．

5.2　開発計画未決定問題「開発計画の策定が遅れている」

■ STEP 1：問題の把握
- 設計工程に入っているのに開発計画が決定していない．

■ STEP 2：状況把握
- 過去のプロジェクトで採算性，及び日程の承認審議の際に厳しい指摘があったことから，PM（プロジェクトマネジャ）がプロジェクト責任者の期待に合致するまで今回のプロジェクトの採算性及び日程の検討を繰り返しているために開発計画が決定していない．
- 開発計画が決定していないが，プロジェクトリーダー間の集団合議で製品実現プロセスに着手している（図 5.2）．

■ STEP 3：プロセスフローの分析（プロジェクトマネジメント計画策定フロー）
- プロジェクトマネジメント計画審議プロセスが未熟である．
- プロジェクト憲章の作成プロセスが欠落している．

- プロジェクト責任者が PM をマネジメントしていない．
- 計画遅れについて例外管理プロセスが欠落している．
- リスクマネジメント計画がなく，エスカレーションシステムもない．

■ **STEP 4：プロセスの分析**（省略）

■ **STEP 5：プロセス能力の分析**
- プロジェクト計画策定プロセスにおいて，プロジェクトマネジメント計画策定能力が不足し，制約条件の緩い場合の計画策定順序で行っている．
- 今回は厳しい条件のため合意形成できるまで意思決定せず，審議を繰り返している．

■ **STEP 6：マネジメントプロセスの分析**
- 制約条件の厳しい場合の計画策定技術「ぎりぎりの意思決定」の教育・指導が欠落している．

■ **STEP 7：分析のまとめ**
- プロジェクト責任者，PM に対するプロジェクトマネジメント計画作成技術（特に「ぎりぎりの意思決定」技術）教育が欠落している．
- プロジェクト憲章記載項目であるプロジェクトの前提条件，制約条件が明示されていない．

5.3 リソース不整合問題「要員が足りない」

■ **STEP 1：問題の把握**
- 開発が進んでいるが，設計要員，検査要員が不足している．

■ **STEP 2：状況把握**
- プロジェクト計画策定時に，承認済みの予算が設計プロセスに入っている段階で 30％削減された．
- その結果，設計要員，検査要員が不足した（図 5.3）．

■ **STEP 3：プロセスフローの分析**（省略）

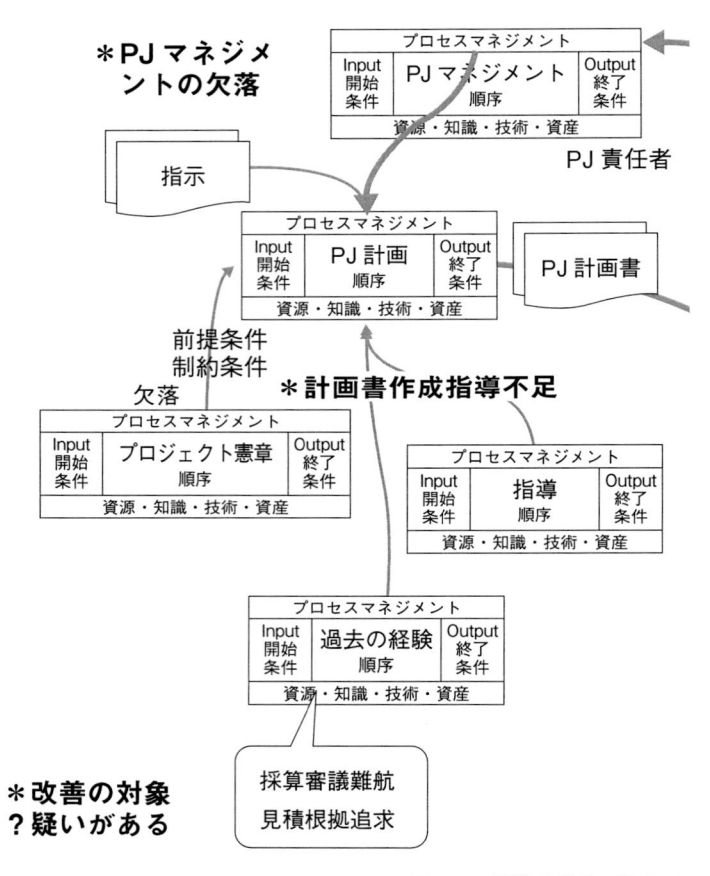

図 5.2 「開発計画の策定が

■ STEP 4：プロセスの分析
- プロジェクト計画策定プロセスでは，承認後の予算削減を想定していなかった．

■ STEP 5：プロセス能力の分析（省略）

5.3 リソース不整合問題「要員が足りない」　*181*

分析年月日：YYYY/MM/DD

開発計画の策定が遅れている！

発見工程：設計工程
発見者：進捗管理者

＊**例外管理の欠落**

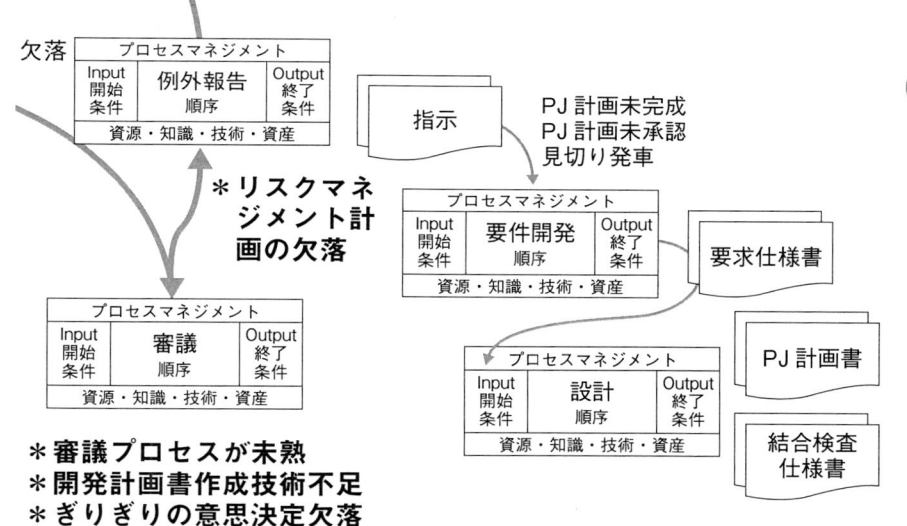

欠落

| プロセスマネジメント |
| Input 開始条件 | 例外報告 順序 | Output 終了条件 |
| 資源・知識・技術・資産 |

指示

PJ計画未完成
PJ計画未承認
見切り発車

＊**リスクマネジメント計画の欠落**

| プロセスマネジメント |
| Input 開始条件 | 要件開発 順序 | Output 終了条件 |
| 資源・知識・技術・資産 |

要求仕様書

| プロセスマネジメント |
| Input 開始条件 | 審議 順序 | Output 終了条件 |
| 資源・知識・技術・資産 |

| プロセスマネジメント |
| Input 開始条件 | 設計 順序 | Output 終了条件 |
| 資源・知識・技術・資産 |

PJ計画書

結合検査仕様書

＊**審議プロセスが未熟**
＊**開発計画書作成技術不足**
＊**ぎりぎりの意思決定欠落**

（注）　PJ：プロジェクト

遅れている」のPNA分析

■ STEP 6：マネジメントプロセスの分析
- プロジェクト計画策定プロセスで，リスクマネジメントの検討が漏れていた．
- 今回のように業績動向によって承認済みの予算削減が発生するならば，

受注 → 要員が足りない

プロジェクト予算削減指示

プロセスマネジメント
| Input 開始条件 | PJ 計画 順序 | Output 終了条件 |
資源・知識・技術・資産

PJ 計画書

欠落　　プロセスマネジメント　　欠落
| Input 開始条件 | リスクマネジメント計画 順序 | Output 終了条件 |
資源・知識・技術・資産

リスクマネジメント計画書

＊リスクマネジメント計画不備
＊変動対応型リソース計画不備

プロセスマネジメント
| Input 開始条件 | 予算決定 順序 | Output 終了条件 |
資源・知識・技術・資産

PJ 予算

プロセスマネジメント
| Input 開始条件 | PJ 資源調達 | Output 終了条件 |
資源・知識・技術・資産

定常的マネジメント

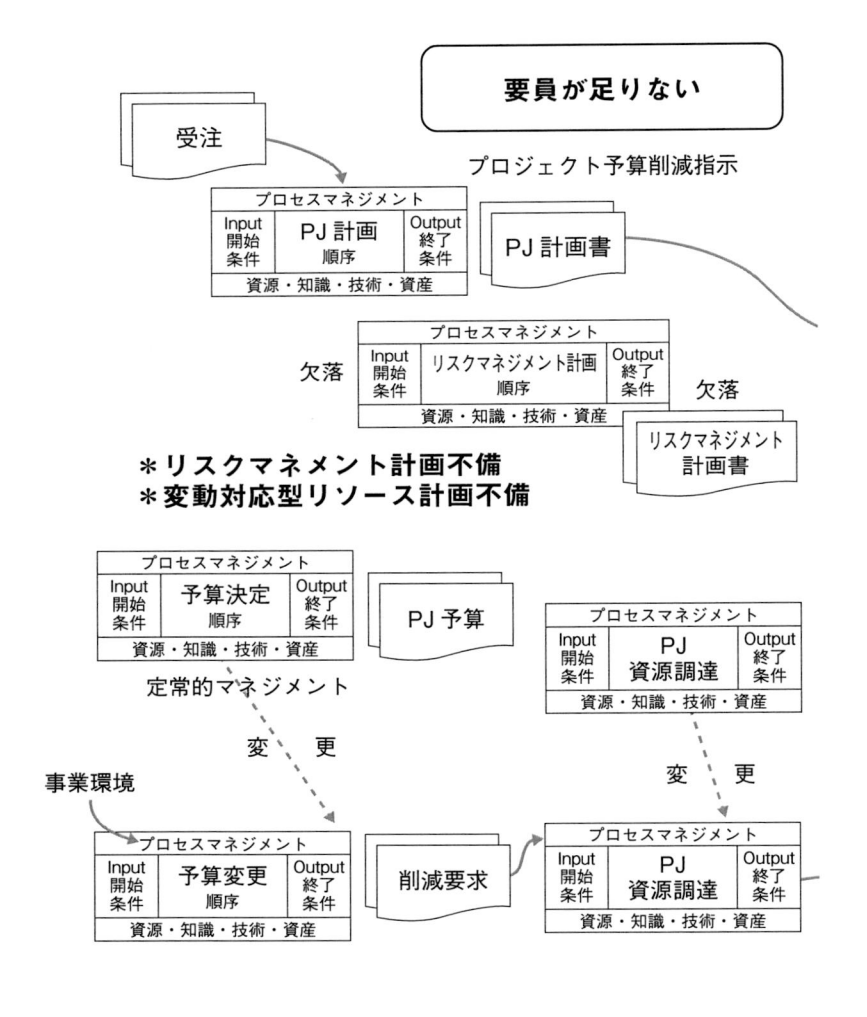

変更　　　　　　　　　　　　　　変更

事業環境

プロセスマネジメント
| Input 開始条件 | 予算変更 順序 | Output 終了条件 |
資源・知識・技術・資産

削減要求

プロセスマネジメント
| Input 開始条件 | PJ 資源調達 | Output 終了条件 |
資源・知識・技術・資産

図 5.3 「要員が足り

発見工程：設計工程　　　　　分析年月日：YYYY/MM/DD
発見者：PM

＊改善の対象
？疑いがある

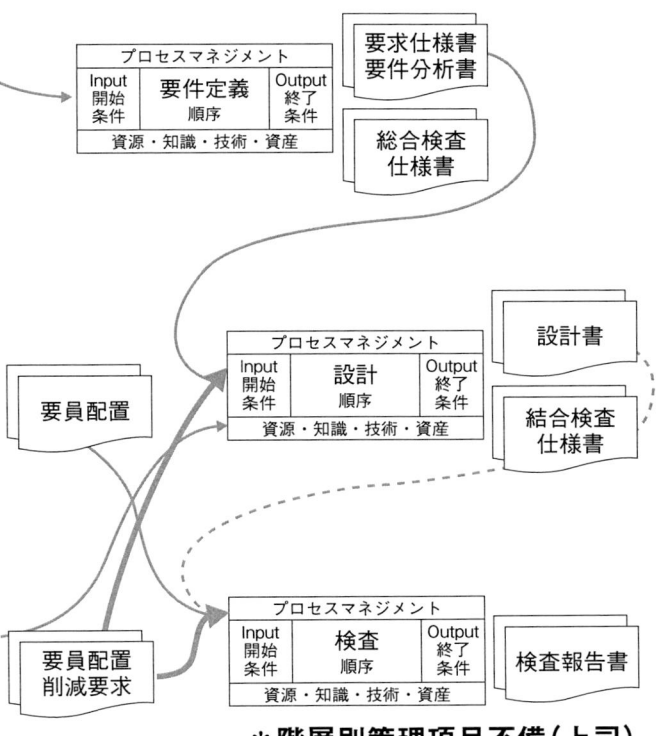

```
プロセスマネジメント
Input      要件定義    Output
開始条件     順序      終了条件
資源・知識・技術・資産
```
→ 要求仕様書 / 要件分析書
→ 総合検査仕様書

```
プロセスマネジメント
Input      設計      Output
開始条件     順序      終了条件
資源・知識・技術・資産
```
→ 設計書
→ 結合検査仕様書

要員配置

要員配置削減要求

```
プロセスマネジメント
Input      検査      Output
開始条件     順序      終了条件
資源・知識・技術・資産
```
→ 検査報告書

＊階層別管理項目不備（上司）

ない」のPNA分析

予算削減リスクを考慮したプロジェクト計画の策定技術が必要であった．

■ STEP 7：分析のまとめ
- 定常的マネメントとプロジェクトマネジメントの整合方法が確立していない（リスクマネジメント計画策定時に仕様を絞る，もしくは削減を考慮した順序づけなどの予算変動対策を事前に検討しておくことがベストプラクティス）．
- 開発計画における各種リスクを想定したリスクマネジメントの検討が欠落している．なお各種リスクとは，例えば次のようなものである．
  予算削減リスク，仕様変更・拡大リスク，リソース不足リスク，技術ボトルネックリスク，既存資産品質リスク，購入品及び開発依頼品の品質・コスト・納期リスク，規格などの情報不足リスク．

5.4 技術課題問題「タイミング問題が発生した」

■ STEP 1：問題の把握
通信と操作のタイミングにより誤動作する．

■ STEP 2：状況把握
顧客受け入れテストで発見された（図 5.4）．

■ STEP 3：プロセスフローの分析
- 上流で状態遷移・タイミング要件が漏れていた．
- 状態遷移・タイミング設計がされていない．

■ STEP 4：プロセスの分析
- 機能，業務シナリオ，性能について実現方法を検討したが，状態遷移・タイミング設計については抜けた．
- 要件分析で操作と通信とが競合する場合など，動作分析が欠落した．
- 基本設計でタイミング設計が漏れた．
- 状態遷移・タイミング設計の基本となるシステム図がないので，何と何が同時に起きるかについての検討が漏れた．要求仕様書（操作と通信と

が競合する場合の条件指定がない)の漏れである．
- レビューを行ったが技術者の方法を確認した程度(この技術者以上の人材はいない)であった．

■ STEP 5：プロセス能力の分析
- 基本設計で，状態遷移・タイミング設計プロセス資料がない．
- 状態遷移・タイミング設計技術資料，同教育，レビュー教育が不足している．

■ STEP 6：マネジメントプロセスの分析(省略)

■ STEP 7：分析のまとめ
- 要件分析で操作と通信とが競合する場合など，課題知識が不足している．
- 状態遷移・タイミング設計について，課題の洗い出しから検証まで工程別品質保証技術がない．

5.5　レビュー問題「改造時にレビューで漏れた」

■ STEP 1：問題の把握

改造時にレビューを行ったのに，総合検査で漏れが発見された．改造により既存の部分に影響する問題が起きた．

■ STEP 2：状況把握

前回のプロジェクトを含めたプロセスフローを調査した(図5.5)．

■ STEP 3：プロセスフローの分析
- 既存資産評価，前回開発時に品質保証記録が漏れている．
- 連続商品開発や改造型のプロセスフローになっていない．

■ STEP 4：プロセスの分析
- 単発開発型の品質保証方法になっている(前回開発分を信用した)．
- 既存資産についての構造の把握に問題があり，影響度解析が抜けた．
- 計画プロセスで，前回のプロジェクト資産を制約条件として考慮していない．

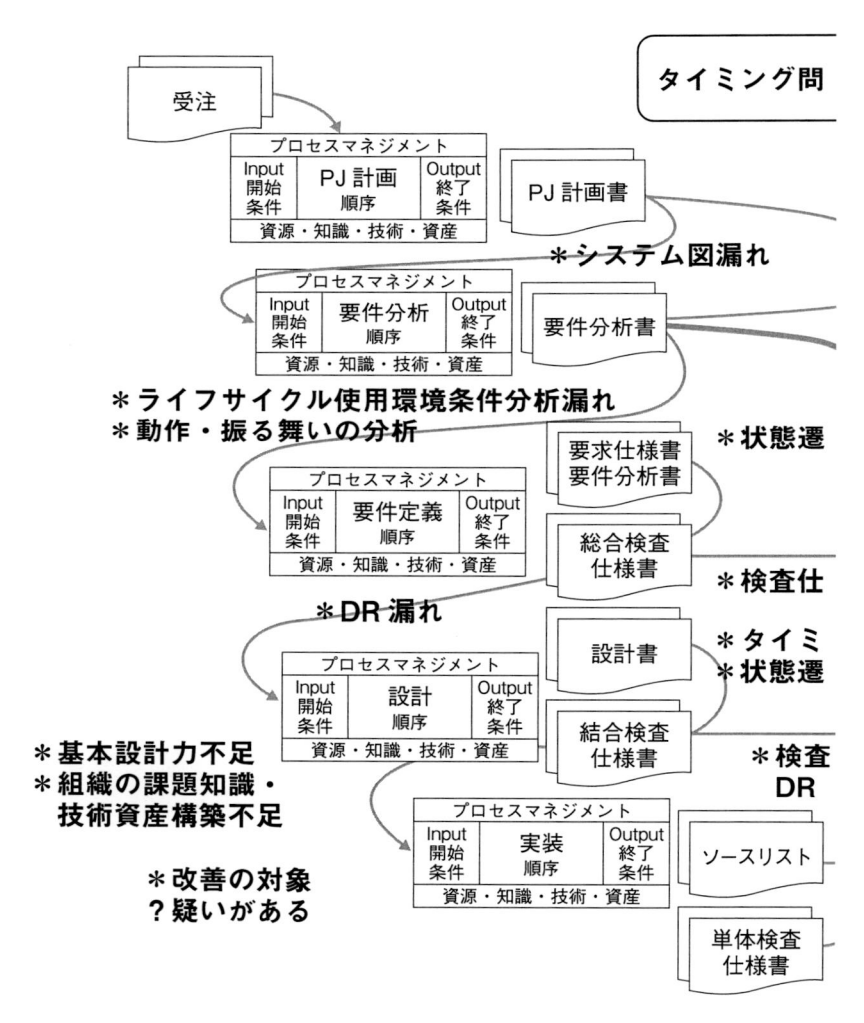

図 5.4 「タイミング問題」

5.5 レビュー問題「改造時にレビューで漏れた」　187

発見工程：受入テスト　　　分析年月日：YYYY/MM/DD
発見者：顧客責任者

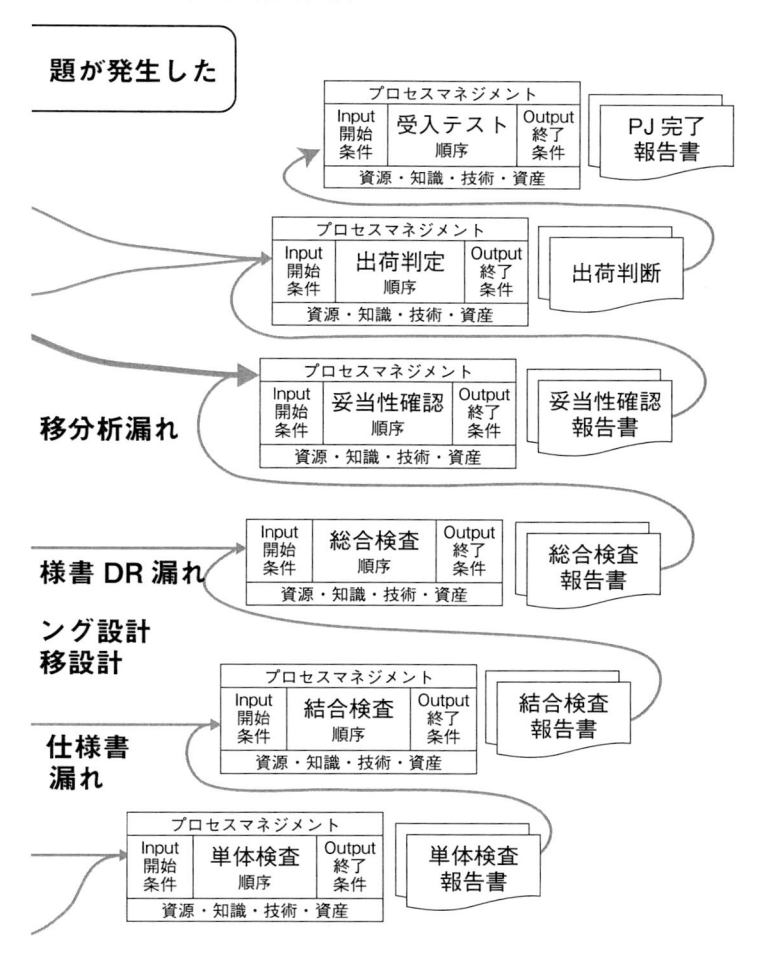

題が発生した

| プロセスマネジメント |
| Input開始条件 | 受入テスト 順序 | Output終了条件 |
| 資源・知識・技術・資産 |

PJ完了報告書

| プロセスマネジメント |
| Input開始条件 | 出荷判定 順序 | Output終了条件 |
| 資源・知識・技術・資産 |

出荷判断

移分析漏れ

| プロセスマネジメント |
| Input開始条件 | 妥当性確認 順序 | Output終了条件 |
| 資源・知識・技術・資産 |

妥当性確認報告書

様書 DR 漏れ

| Input開始条件 | 総合検査 順序 | Output終了条件 |
| 資源・知識・技術・資産 |

総合検査報告書

ング設計
移設計

| プロセスマネジメント |
| Input開始条件 | 結合検査 順序 | Output終了条件 |
| 資源・知識・技術・資産 |

結合検査報告書

仕様書
漏れ

| プロセスマネジメント |
| Input開始条件 | 単体検査 順序 | Output終了条件 |
| 資源・知識・技術・資産 |

単体検査報告書

第5章　プロセスネットワークモデルを用いた原因分析法（PNA法）

が発生した」の PNA 分析

改造時に
レビューで漏れた

PJ方針

*今回の市場・
使用条件

プロセスマネジメント
| Input 開始条件 | PJ立上げ 順序 | Output 終了条件 |
資源・知識・技術・資産

PJ範囲憲章

*既存資産評価漏れ

プロセスマネジメント
| Input 開始条件 | PJ計画 順序 | Output 終了条件 |
資源・知識・技術・資産

PJ計画書

プロセスマネジメント
| Input 開始条件 | 品質保証評価 順序 | Output 終了条件 |
資源・知識・技術・資産

プロセスマネジメント
| Input 開始条件 | 要件定義 順序 | Output 終了条件 |
資源・知識・技術・資産

PJ資産

*影響度解析技術

*構造資料漏れ

プロセスマネジメント
| Input 開始条件 | 前回PJ 順序 | Output 終了条件 |
資源・知識・技術・資産

調査分析書

プロセスマネジメント
| Input 開始条件 | 設計 順序 | Output 終了条件 |
資源・知識・技術・資産

プロセスマネジメント
| Input 開始条件 | PJ立上げ 順序 | Output 終了条件 |
資源・知識・技術・資産

PJ範囲憲章

*設計資料

プロセスマネジメン
| Input 開始条件 | 実装 順序 |
資源・知識・技術・

*連続商品開発方針

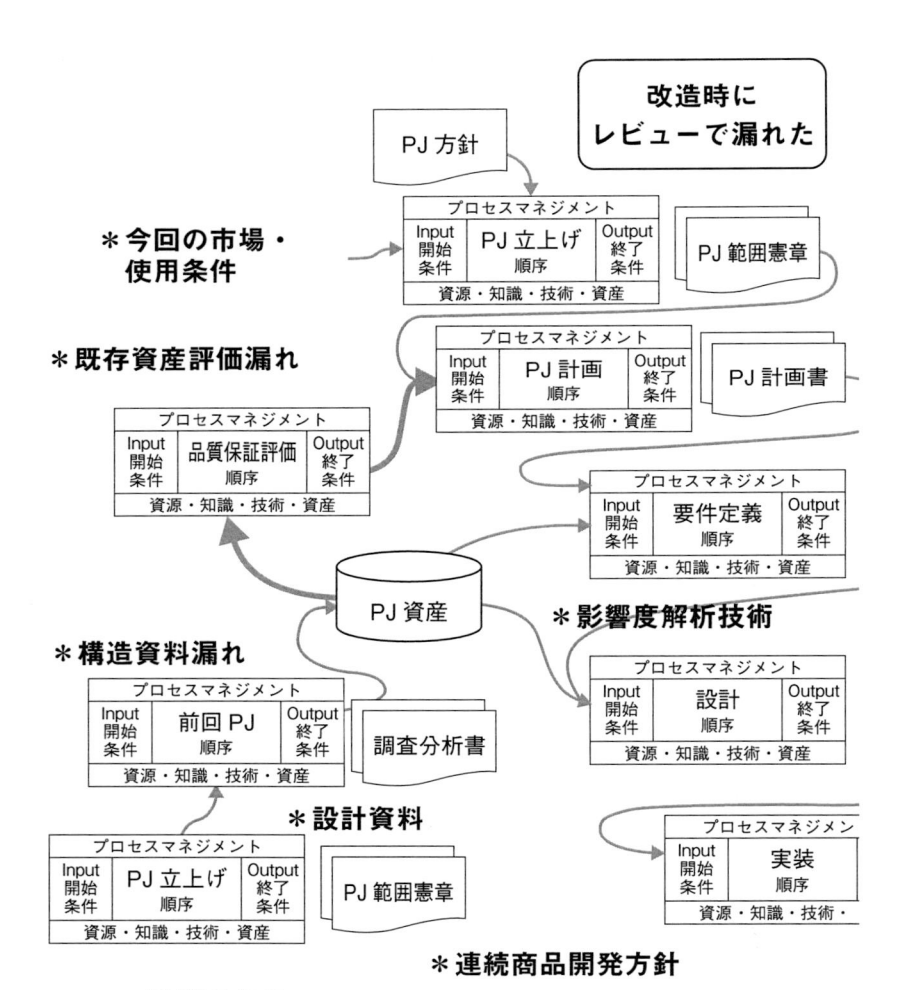

*改善の対象
?疑いがある

図5.5 「改造時にレビュー

5.5 レビュー問題「改造時にレビューで漏れた」　189

発見工程：結合検査
発見者：検査技術者

分析年月日：YYYY/MM/DD

＊プロジェクト制約条件（前回資産）記載漏れ

＊リスクマネジメント計画（品質リスク）

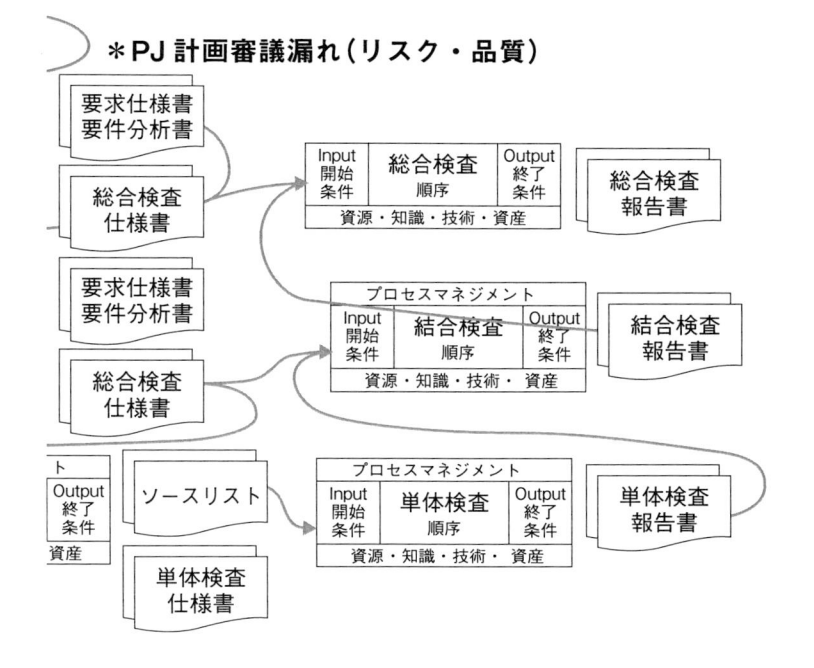

＊PJ計画審議漏れ（リスク・品質）

| 要求仕様書
要件分析書 |
| 総合検査
仕様書 |

| プロセスマネジメント |
| Input 開始条件 | 総合検査 順序 | Output 終了条件 |
| 資源・知識・技術・資産 |

| 総合検査
報告書 |

| 要求仕様書
要件分析書 |
| 総合検査
仕様書 |

| プロセスマネジメント |
| Input 開始条件 | 結合検査 順序 | Output 終了条件 |
| 資源・知識・技術・資産 |

| 結合検査
報告書 |

| Output 終了条件 |
| 資産 |

| ソースリスト |
| 単体検査
仕様書 |

| プロセスマネジメント |
| Input 開始条件 | 単体検査 順序 | Output 終了条件 |
| 資源・知識・技術・資産 |

| 単体検査
報告書 |

で漏れた」のPNA分析

第5章　プロセスネットワークモデルを用いた原因分析法（PNA法）

- リスクマネジメントでも既存資産の資料不備によるリスク検討が抜けている．

■ STEP 5：プロセス能力の分析
- 単純開発型の設計工程と思い，既存資産との関係は考慮する計画になっておらず，過去の資産の構造解析能力や影響度解析能力も不明である．

■ STEP 6：マネジメントプロセスの分析
- 既存資産制約条件（不備）がある場合のマネジメントプロセスが確立していない．

■ STEP 7：分析のまとめ
- 既存資産についての資料評価が欠落している．
- リスク対策（修正・再作）も漏れている．
- 既存資産の構造解析技術，影響度解析，変更管理技術が不足している．

5.6　結合検査時の問題「潜在バグ問題」

■ STEP 1：問題の把握
結合検査時に旧版のソフトウェアにバグが発見された．

■ STEP 2：状況把握
前回のプロジェクトとの関係を含めてプロセスフローを調査した（図5.6）．

■ STEP 3：プロセスフローの分析
- 構成管理システムに登録されている前回資産からのバグであり，今回のプロジェクトの範囲では追跡可能性を保証できていない．
- プロジェクト計画の段階で前回資産が前提条件として明記されていない．
- リスクマネジメント計画でも前回資産の品質リスクを見逃した．計画書の審議でも漏れた．
- 既存資産評価プロセスが欠落している．

■ STEP 4：プロセスの分析
- 前回プロジェクトの品質保証評価プロセス抜けであり，その前提である

使用環境条件などの品質保証範囲の分析調査技術にも問題がある．
■ STEP 5：プロセス能力の分析
- 既存資産の品質保証評価プロセスが漏れている．
- 品質保証評価技術(設計検証技術を含む)が欠落している．

■ STEP 6：マネジメントプロセスの分析
- プロジェクトでの品質保証(確証)計画の策定時と実行時，前回プロジェクトの品質保証実績の審議も必要である．

■ STEP 7：分析のまとめ
- 既存資産の品質評価(再検査・設計検証)が課題として欠落している．
- 連続商品開発の観点から，プロジェクト単位ではなく商品群全体を開発マネジメントする視点が欠落している(プロダクトラインマネジメント不備)．

5.7　開発遅れ問題「品質問題のために納期を守れそうにない」

■ STEP 1：問題の把握

納期になってもバグが数多く残っており，重要品質問題も未解決の状態にある．この状態では出荷できそうにもない．

■ STEP 2：状況把握

プロセスフローを調査した(図 5.7)．

■ STEP 3：プロセスフローの分析
- レビューでの指摘事項，検査で発見されたバグについて類似品質問題の再発防止を行っているかどうか疑いがある．
- プロジェクト品質マネジメント計画，リスクマネジメント計画が欠落している．
- 各レビュー・検査プロセスでフォロープロセスが欠落し，類似バグが発生している．

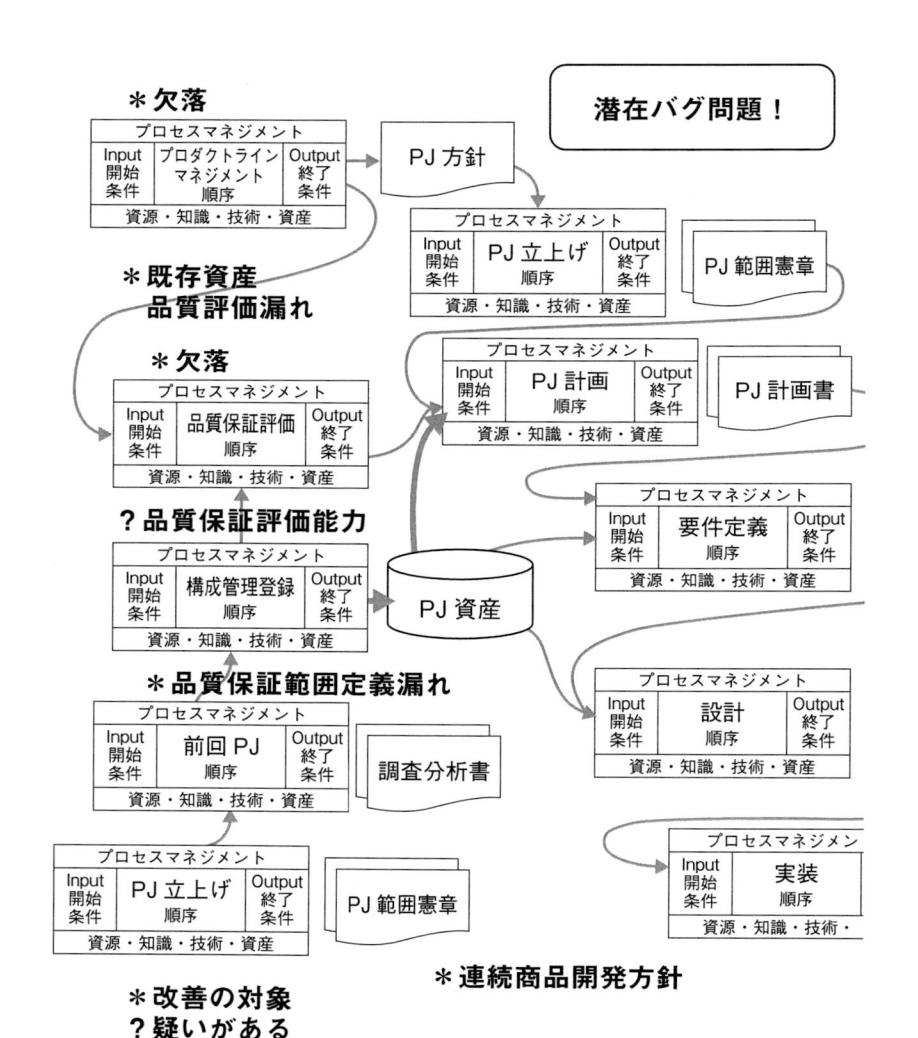

図 5.6 「潜在バグ問

発見工程：結合検査
発見者：検査技術者

分析年月日：YYYY/MM/DD

＊プロジェクト制約条件記載漏れ

＊リスクマネジメント計画（品質リスク）

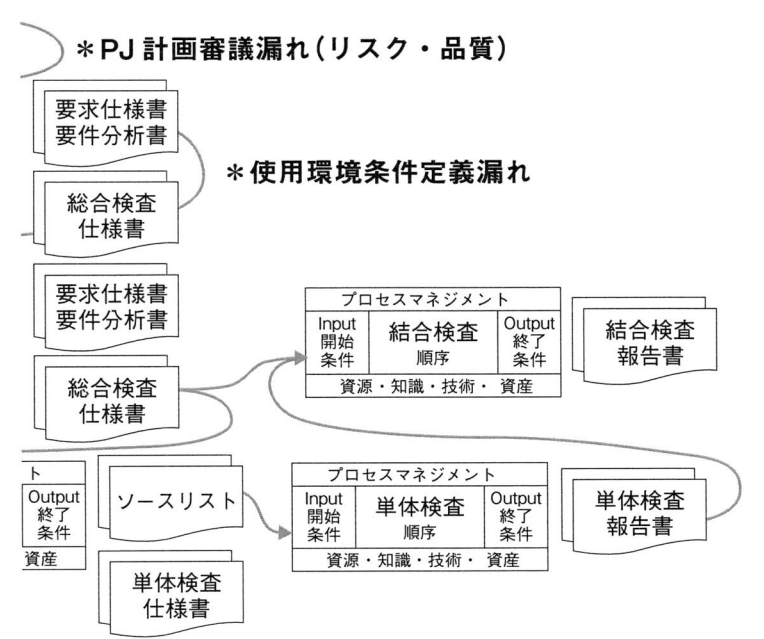

＊PJ 計画審議漏れ（リスク・品質）

要求仕様書
要件分析書

総合検査
仕様書

＊使用環境条件定義漏れ

要求仕様書
要件分析書

プロセスマネジメント		
Input 開始条件	結合検査 順序	Output 終了条件
資源・知識・技術・資産		

結合検査
報告書

総合検査
仕様書

Output
終了
条件

資産

ソースリスト

プロセスマネジメント		
Input 開始条件	単体検査 順序	Output 終了条件
資源・知識・技術・資産		

単体検査
報告書

単体検査
仕様書

題！」の PNA 分析

*PJ 品質方針

> 品質問題のために納期を守れそうにない

受注

プロセスマネジメント
Input 開始条件 | PJ 計画 順序 | Output 終了条件
資源・知識・技術・資産

PJ 計画書

プロセスマネジメント
Input 開始条件 | 要件分析 順序 | Output 終了条件
資源・知識・技術・資産

要件分析書

? PJ 品質
? リスクマ
納期・品

*FTA に対応したプロジェクト(重点指向)
 品質保証計画

要求仕様書
要件分析書

プロセスマネジメント
Input 開始条件 | 要件定義 順序 | Output 終了条件
資源・知識・技術・資産

総合検査仕様書

*DR 指摘事項の原因分析・対策漏れ
 ?類似品質問題の再発防止漏れ

支援プロセス
?

プロセスマネジメント
Input 開始条件 | 設計 順序 | Output 終了条件
資源・知識・技術・資産

設計書

結合検査仕様書

? FTA

支援プロセス
?

プロセスマネジメント
Input 開始条件 | 実装 順序 | Output 終了条件
資源・知識・技術・資産

ソースリスト

単体検査仕様書

*改善の対象
 ?疑いがある

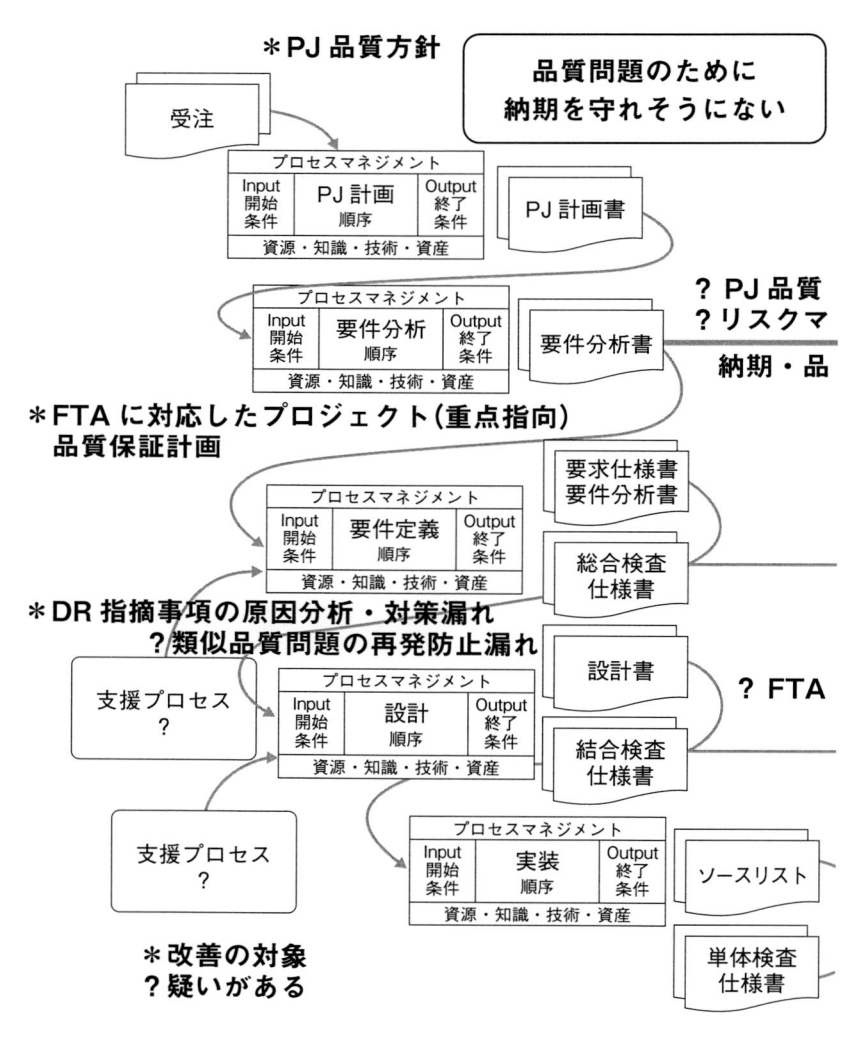

図 5.7 「品質問題のために納期

5.7 開発遅れ問題「品質問題のために納期を守れそうにない」

発見工程：出荷判断
発見者：PJ 責任者

分析年月日：YYYY/MM/DD

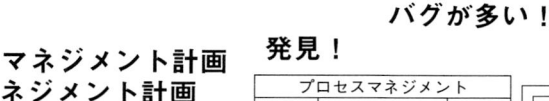

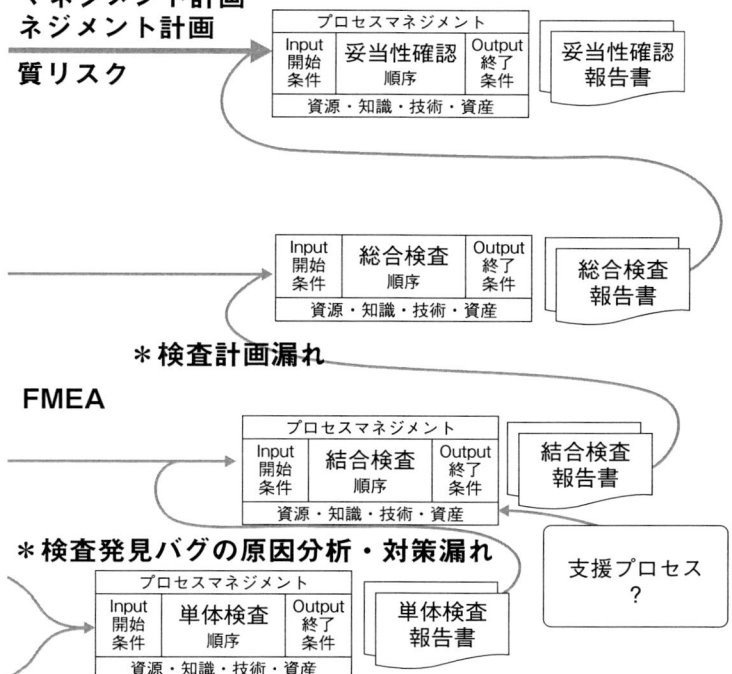

バグが多い！
発見！

マネジメント計画
ネジメント計画
質リスク

プロセスマネジメント
| Input 開始条件 | 妥当性確認 順序 | Output 終了条件 |
資源・知識・技術・資産
→ 妥当性確認報告書

| Input 開始条件 | 総合検査 順序 | Output 終了条件 |
資源・知識・技術・資産
→ 総合検査報告書

＊検査計画漏れ

FMEA

プロセスマネジメント
| Input 開始条件 | 結合検査 順序 | Output 終了条件 |
資源・知識・技術・資産
→ 結合検査報告書

支援プロセス？

＊検査発見バグの原因分析・対策漏れ

プロセスマネジメント
| Input 開始条件 | 単体検査 順序 | Output 終了条件 |
資源・知識・技術・資産
→ 単体検査報告書

？類似品質問題の再発防止漏れ

を守れそうにない」の PNA 分析

第5章 プロセスネットワークモデルを用いた原因分析法（PNA法）

■ STEP 4：プロセスの分析
  - プロジェクトの品質方針がなく，プロジェクト品質マネジメント計画作成プロセスがない．そのため重要品質問題などについてFTAを作成しておらず，どの工程でどのように品質保証するのかが明確になっていない．
■ STEP 5：プロセス能力の分析
  - 要員アサインにおける適格性の判断の不足のため技術力が不足し，バグが発生しているが，技術指導も不足している．
■ STEP 6：マネジメントプロセスの分析
  - プロジェクト品質マネジメント・リスクマネジメントが欠落している．
■ STEP 7：分析のまとめ
  - 重要品質問題についてのFTA，工程別品質保証が欠落している．
  - レビューでの指摘事項，検査で発見されたバグについて原因分析が不足している．その結果に基づく類似品質問題の再発防止プロセスが不足している．

5.8　操作性問題「画面が切替できず次の処理に移れない」

■ STEP 1：問題の把握
　ある操作画面から次の作業のための画面に移れない．
■ STEP 2：状況把握
　入力ミスをすると修正画面に移れない．処理によっては途中休憩できない（図5.8）．
■ STEP 3：プロセスフローの分析
  - 操作性について要求仕様書に記載がなく，操作に関して検討漏れがある．
  - 操作説明書を早期に作成し，要件定義プロセスのデザインレビュー（DR）で用いることで操作性の検証を行う技術を知らない疑いがある．
■ STEP 4：プロセスの分析

- 操作性について「課題認識漏れ」のため，どのプロセスで何を検討し，保証するか明確になっていない．
- 要件開発プロセスでの操作性要件漏れがあり，レビューでも漏れた．
- 要件分析プロセスで業務シナリオ，操作シナリオ，例外操作対応（エラーリカバリー）が抜けた．
- 画面遷移フロー検討も漏れ，DRでも漏れた．

■ STEP 5：プロセス能力の分析
- 操作性について技術，要員育成，資産の整備が欠落している．

■ STEP 6：マネジメントプロセスの分析(省略)

■ STEP 7：分析のまとめ
- 運用業務シナリオ，操作説明書に基づく分析技術が不足している．
- 操作説明書に基づく設計検証(DR)，総合検査，妥当性確認，操作教育訓練が不足している．
- 例外・異常シナリオを含めた画面遷移設計技術が不足している．

5.9　使い難さ問題「初心者には使い難い」

■ STEP 1：問題の把握
顧客でのリリース説明会で初心者から「使い難い」と言われた．

■ STEP 2：状況把握
プロセスフローを調査した(図 5.9)．

■ STEP 3：プロセスフローの分析
- 要件定義プロセスで熟練者のみに要求を聞いたため，顧客定義で初心者が漏れた(不十分だった)．

■ STEP 4：プロセスの分析
- 操作性の要件定義において，初心者を考慮していない(プロダクト要件で抜けたため，プロセス要件に展開されていない)．
- 要件分析において，利害関係者分析の際に初心者が漏れた．

198

画面が切替できず
次の処理に移れない

受注

プロセスマネジメント
| Input 開始条件 | PJ計画 順序 | Output 終了条件 |
資源・知識・技術・資産

PJ計画書

？非機能要件　操作性検討漏れ

？DRへ

要求仕様書
要件分析書

＊操作フロ

プロセスマネジメント
| Input 開始条件 | 要件定義 順序 | Output 終了条件 |
資源・知識・技術・資産

総合検査
仕様書

＊DR漏れ

設計書

？エラーリ

プロセスマネジメント
| Input 開始条件 | 設計 順序 | Output 終了条件 |
資源・知識・技術・資産

結合検査
仕様書

＊DR漏れ

プロセスマネジメント
| Input 開始条件 | 実装 順序 | Output 終了条件 |
資源・知識・技術・資産

ソースリスト

単体検査
仕様書

＊改善の対象
？疑いがある

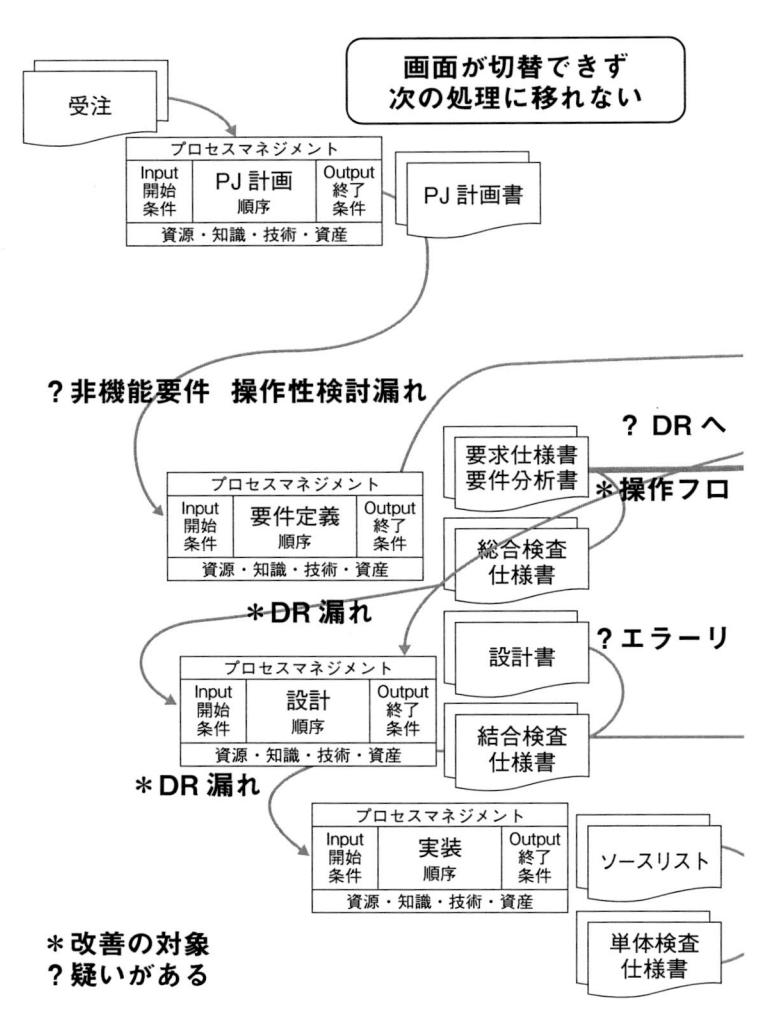

図5.8　「画面が切替できず次の

発見工程：結合検査　　　　分析年月日：YYYY/MM/DD
発見者：検査技術者

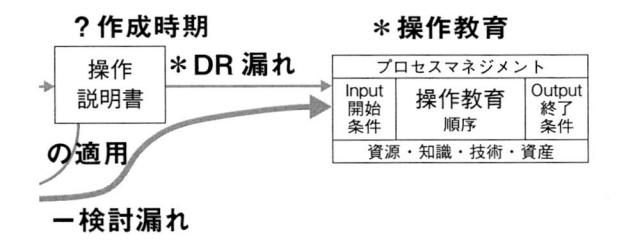

？作成時期　　　**＊操作教育**

操作説明書　　**＊DR漏れ**

| プロセスマネジメント |
| Input 開始条件 | 操作教育 順序 | Output 終了条件 |
| 資源・知識・技術・資産 |

の適用

ー検討漏れ

カバリー法設計

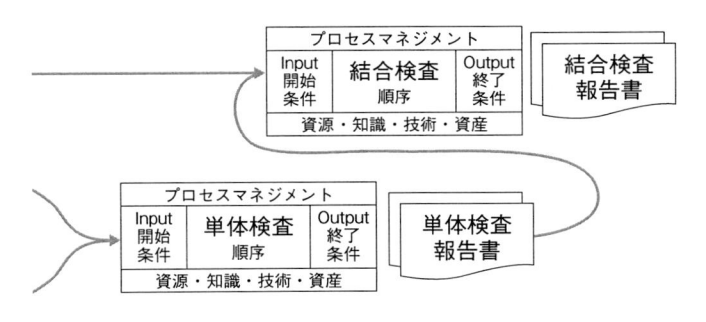

| プロセスマネジメント |
| Input 開始条件 | 結合検査 順序 | Output 終了条件 |
| 資源・知識・技術・資産 |

結合検査報告書

| プロセスマネジメント |
| Input 開始条件 | 単体検査 順序 | Output 終了条件 |
| 資源・知識・技術・資産 |

単体検査報告書

処理に移れない」の PNA 分析

200

受注 → 初心者には使い難い

プロセスマネジメント
| Input 開始条件 | PJ計画 順序 | Output 終了条件 |
資源・知識・技術・資産
→ PJ計画書

＊品質保証計画(利害関係者の特定)

プロセスマネジメント
| Input 開始条件 | システム分析 順序 | Output 終了条件 |
資源・知識・技術・資産
→ 要件分析書

＊利害関係者分析漏れ，特に操作者の多様性

要求仕様書
要件分析書

プロセスマネジメント
| Input 開始条件 | 要件定義 順序 | Output 終了条件 |
資源・知識・技術・資産
→ 総合検査仕様書

＊検査者

＊DR(初級者)漏れ

設計書

プロセスマネジメント
| Input 開始条件 | 設計 順序 | Output 終了条件 |
資源・知識・技術・資産
→ 結合検査仕様書

プロセスマネジメント
| Input 開始条件 | 実装 順序 | Output 終了条件 |
資源・知識・技術・資産
→ ソースリスト

＊改善の対象
？疑いがある

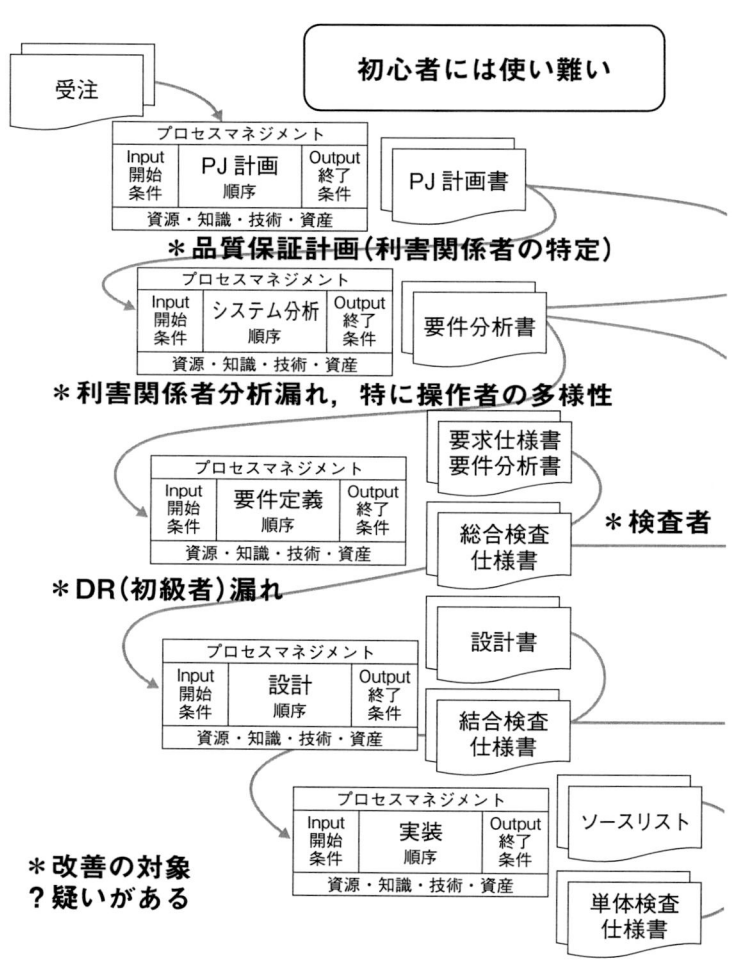

単体検査仕様書

図 5.9 「初心者には使

5.9 使い難さ問題「初心者には使い難い」　201

発見工程：リリース説明会
発見者：顧客操作者（初心者）

分析年月日：YYYY/MM/DD

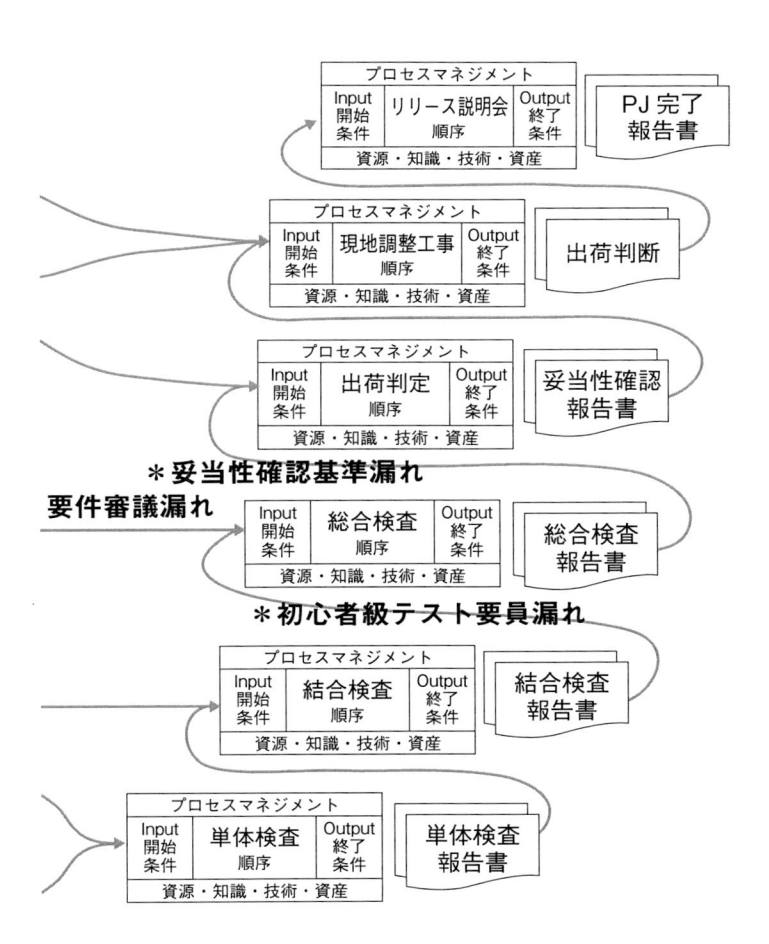

```
                                    ┌─────────────────────────┐
                                    │   プロセスマネジメント   │   ┌─────────┐
                                    │ Input │リリース│ Output │   │ PJ 完了 │
                                    │ 開始  │説明会  │ 終了   │   │ 報告書  │
                                    │ 条件  │ 順序   │ 条件   │   └─────────┘
                                    │ 資源・知識・技術・資産  │
                                    └─────────────────────────┘
                         ┌─────────────────────────┐
                         │   プロセスマネジメント   │   ┌─────────┐
                         │ Input │現地調整│ Output │   │出荷判断 │
                         │ 開始  │ 工事   │ 終了   │   │         │
                         │ 条件  │ 順序   │ 条件   │   └─────────┘
                         │ 資源・知識・技術・資産  │
                         └─────────────────────────┘
                    ┌─────────────────────────┐
                    │   プロセスマネジメント   │   ┌──────────┐
                    │ Input │出荷判定│ Output │   │妥当性確認│
                    │ 開始  │ 順序   │ 終了   │   │ 報告書   │
                    │ 条件  │        │ 条件   │   └──────────┘
                    │ 資源・知識・技術・資産  │
                    └─────────────────────────┘
```

＊妥当性確認基準漏れ
要件審議漏れ

```
               ┌─────────────────────────┐
               │   プロセスマネジメント   │   ┌──────────┐
               │ Input │総合検査│ Output │   │総合検査  │
               │ 開始  │ 順序   │ 終了   │   │ 報告書   │
               │ 条件  │        │ 条件   │   └──────────┘
               │ 資源・知識・技術・資産  │
               └─────────────────────────┘
```

＊初心者級テスト要員漏れ

```
               ┌─────────────────────────┐
               │   プロセスマネジメント   │   ┌──────────┐
               │ Input │結合検査│ Output │   │結合検査  │
               │ 開始  │ 順序   │ 終了   │   │ 報告書   │
               │ 条件  │        │ 条件   │   └──────────┘
               │ 資源・知識・技術・資産  │
               └─────────────────────────┘
          ┌─────────────────────────┐
          │   プロセスマネジメント   │   ┌──────────┐
          │ Input │単体検査│ Output │   │単体検査  │
          │ 開始  │ 順序   │ 終了   │   │ 報告書   │
          │ 条件  │        │ 条件   │   └──────────┘
          │ 資源・知識・技術・資産  │
          └─────────────────────────┘
```

い難い」の PNA 分析

- 要件分析,要件開発プロセスでのデザインレビュー(DR)でも漏れた.

■ **STEP 5:プロセス能力の分析**
- 要件定義で初心者が漏れたため,総合検査要員,妥当性確認要員でも初心者は含まれていない.
- 各プロセスでの着手時のレビューの能力が不足している.

■ **STEP 6:マネジメントプロセスの分析**(省略)

■ **STEP 7:分析のまとめ**
- 要件のレビューに初心者を参加させること.
- 設計検証,総合検査,妥当性確認が欠落している.
- 妥当性確認プロセスが不十分である(実際の操作者を定義し,設計し,評価する).
- 初心者用ガイド,操作方法の設計が欠落している.

第6章

原因分析のQ&A

はじめに

　原因分析は「問題を起こしたことを追及する」のではなく，「原因がわかり，改善されることで，仕事が楽に，楽しくなり，顧客も品質に感嘆し，業績も向上し続けていることを誇りに思う」ようになるために行う．そのためには，原因分析の始め方，進め方，原因分析技術の修得の方法，原因分析結果の水平展開方法・実行方法を熟知している必要がある．それらの方法を熟知するための要点は原因分析の結果を検証し，同僚と原因分析の結果について審議し，原因分析の結果判明した構造モデルと要因知識体系をプロセスごとの資料にして，組織のプロセス資産に蓄積し，継続的に改善し活用することにある．

(1) 原因分析をどのように始めればよいのか（原因分析の始め方）

Q：品質マネジメントシステムに従って改善のために原因分析を実施するよう，品質保証部門としてプロジェクトマネジャやプロジェクトリーダークラスに呼びかけるのだが，忙しいと言って行おうとしない．どのようにすれば原因分析を実施するようになるか？

A：実行させるための技術である，強制する方法と褒める方法を適用する．

要点1　強制する方法

　品質マネジメントシステムの観点から改善に関する規程を作成し，原因分析を行うことと分析結果を報告することを規定する．そして，内部監査において分析を行っていることの確証を取る．重要品質問題を重点に原因分析の監査結果をマネジメントレビューで報告し，重要品質問題について原因分析を行っていない部門については幹部に対して行わない理由を追及する．

要点2　褒める方法

　改善活動により効果が出た事例は，マネジメントレビューや改善事例報告会で紹介し，褒める．

要点3　警告する方法

　業務が忙しいことを理由に原因分析を実施しない場合には，その業務が前向

きの業務(先手)か後向きの業務(後手)かを,外部から分析する(仮説程度).後向きと判断できる場合は,「原因分析しないと再発する」と当人及び上司に警告する.再発したら,上司に「会社の資源(金と人的資源)を無駄にするな」と穏やかに警告する.さらに二度再発した場合には強い警告を行う.三度目は叱責する.

要点4 原因分析の方法をレビューし,必要であれば改善する方法

　原因分析を嫌がる場合には,「忙しい」のが事実か言い訳か,を区別するための観察(基本的な対人関係技術)を行い,過去の分析において誘導・押しつけ・叱責・詰問・間違った分析などがないかを確認し,必要ならば分析者側を再教育する.原因分析の指導者が立ち会って原因分析を行う.

(2) 原因分析をどのように進めればよいのか(原因分析の進め方)

Q:トップ方針に従って継続的に改善を行うよう決定し,各メンバーも実施する気になったが,具体的に推進するための要点は何か.

A:原因分析を行うためには,原因分析技術の修得と組織文化の変革が重要である.

要点1 組織文化の確認

　原因分析が定着し,成功するためには,「問題を起こしたことを追及する組織文化」ではなく,「問題は発生したが,原因分析を行った結果,原因がわかり,改善され,仕事が楽に,楽しくなり,顧客も品質に感嘆し,業績も向上し続けていることを誇りに思う組織文化」になることが望ましい.

要点2 上司及びスタッフの原因分析教育の実施

　原因分析結果に対して上司が叱責したり,個人の責任を追及しないようにするために,原因分析技術の教育を品質保証スタッフメンバーとライン部長級から開始し,部長級が修得したら,次に課長級に原因分析教育を行う.その後,実際に原因分析を行う主体である部下のリーダー層に原因分析の教育を行う.また,小集団活動を行っている場合には,グループ長及びグループ長候補生にも原因分析教育を行う.

> 要点3　原因分析結果の検証

　原因分析の結果を検証することが重要であり，小集団活動で行ったのであればグループ内で検証し，さらにグループ長会議に報告して水平展開を行うとともに，グループ長同士による検証を行う．また品質保証部門以外の原因分析の専門家の検証を受ける．

　地方などでも，分析結果をもとにメールやネットワークを使用した会議を同様に行う．やむを得ず個人で行う場合には，分析結果を第5章で示したように図解し，間を置いてから個人で検証する．必要な"間"は個人によって異なるが，信念が強かったり，自信過剰であったりする場合には，1週間程度の間を置くとよい．

(3)　原因分析技術の修得をどのように行えばよいのか

Q：原因分析を行い，検証も行って改善策を実行しているが，再発しており，真の原因がつかめたという自信がない．原因分析技術をもっと向上させたいが，どのようにすればよいのか．

A：原因分析技術を向上させるためには，原因分析の効果を認識すること．

> 要点1　真の原因をつかんだことの確信経験を持つ

　真の原因をつかめたかどうかを確信するためには，同一部門の複数のプロジェクトでの問題について原因分析をする．すると同じ原因(真の原因)で問題が発生していることが分析を受けている側がわかる．真の原因は分析者が決めつけるものではない．同一部門の複数プロジェクトでの問題を連続して原因分析している場に，その部門の長が陪席(聴いているだけ)していると，その部門長が共通の原因があることを悟り，真の原因について改善する決意を持つことが多い．

> 要点2　専門家による指導あるいは同僚との研鑽

　原因分析技術は自分自身の実力がわかり難い分野であるので，前述の検証を行うことである．できれば専門家に再度分析してもらい，分析差異が発生した原因を分析することが重要である．専門家がいない場合には同僚と原因分析の

結果について誘導・押しつけ・論理の飛躍・誤りがないかどうか審議する．

> 要点3　構造モデルの持続的な改善

　分析差異が発生した原因を分析した結果，差異の原因は本書で説明している仮説知識，構造モデルを分析者が身につけているかどうかであった．構造モデルを理解し，活用するだけではなく，自身で，あるいは自組織で構造モデルを継続的に改訂し，仮説設定を蓄積すると原因分析技術が向上する．本書で示した構造モデルは筆者らが蓄積した内容であるが，これも常に改訂することになるであろう．改訂方法については3.1節を参照するとよい．

　重要なことは，原因が判明したら関連分野を調査し，"一を聴いて十を知る"ことにある．つまり，「原因の一般化」(帰納推論)と「具体化」(演繹推論)の繰り返しを行うことであり，これにより未知の事象に遭遇した際にも原因分析ができるようになる．

(4)　原因分析の結果を水平展開するにはどうすればよいのか

Q：同一グループ内，同一組織内では，ある程度再発防止ができるようになったが，他のグループ，他の組織で類似障害が発生しており，水平展開ができたとは言えない．どうすればよいのか．

A：水平展開のためには，他のグループ，他の組織のメンバーが分析結果についてコメントする場を設けることが大切である．組織のプロセス資産に蓄積し活用する，あるいは"宣教師・相談所制度"を設ける．

> 要点1　他のグループ，他の組織のメンバーがコメントする場を設ける

　会議(品質会議やグループ長会議)などで，原因分析した結果の要因と対策，そして効果の事例を紹介し，他のメンバーがそれに対してコメントすることにより自覚できるようにする方法が，水平展開の基本である．しかし水平展開ができるようにするためには，会議に参加しているメンバー自身が分析し慣れていること，自身の構造モデル，要因体系を熟知していること，要因を聴き，同じ要因が発生する可能性があると判断できることが要件である．

> **要点2** 組織のプロセス資産に登録する

原因分析の結果判明した構造モデルと要因知識体系をプロセスごとの資料にして，組織のプロセス資産として蓄積する．さらに蓄積した組織のプロセス資産を活用するために，業務遂行時にプロセス資料を活用する仕組みを構築することが望ましい．活用する方法としてはプロセスマネジメント（工程管理）を実行するのが定石である．

> **要点3** 宣教師・相談所制度を設ける

また，業務遂行上の課題に遭遇した際に相談できる人（業務の第一線から外れた専門家など），相談できる組織を設ける方法（指導者による巡回，相談所）もある．これを"宣教師・相談所制度"と言う．

(5) 原因分析を行っても実行されないがどうすればよいのか

Q：原因分析を行い，原因を特定し，対策も検討したが，実行されないことがある．どうすればよいのか．

A：原因分析を実行しない場合と，原因分析を実行できない場合とがある．

> **要点1** 自律性の向上

実行しない場合については，3.2節の「組織及び個人の自律性」の構造モデルで述べた．自律的に行動するよう指導する際には，自己能力像により差が出ることを理解することが重要である．自己の能力を固定的と考えている人や組織は，自ら学ぶことも改善することもない．それに対して自己の能力を変動的であると考える人や組織は学習し，向上することができる．固定的と考えている人や組織については，簡単な項目について学び，解決できた体験を積み重ねることが不可欠である．

> **要点2** 努力を過度に褒めない

分析はマネジメントサイクル（Target, Plan, Do, Check, Act）におけるCheckでの方法であり，Check作業努力を経営幹部が褒めてしまうと，それ以降のActを行わなくなる．効果的なマネジメントのためにはPlan（計画）に結びつけることが重要である．計画段階で前回の問題についての改善策の実施を織り

込んだときに，改善する意欲があることを褒める．終了時に改善効果が出ていればさらに褒める．

|要点3| 技術の指導・訓練を行う

　実行できない場合については，知識がない場合と技術がない場合とがある．知識と技術の修得方法は異なり，知識は用語集やデータベースの構築により向上することができるが，技術はすぐには身につかない．チェックリストを改訂しても技術の学習の代わりにはならない．技術については技術教育・訓練，技術指導を行うことが必要である．また，訓練されていないと解決まで時間がかかり，"期間的に無理だ"と判断して対策を実行しないようになりやすい．

　マネジメント技術についても同様に，訓練されていないと実行に時間がかかると思いやすい．マネジメント技術は理解容易であるが，なぜそのマネジメント技術が必要か，そのマネジメント技術を適用しないとどのような問題が発生するのかなどを理解することが重要である．さらに重要なことはマネジメント技術を適用する責任者とタイミングを決めることである．

索　引

[英数字]

DR（デザインレビュー）	196, 202
PDCA	52
PNA（Process Network Analysys）	172
——法	172
QMS（品質マネジメントシステム）	49
RBS（リスク・ブレークダウン・ストラクチャ）	118, 132, 142
RCA（根本原因分析）	59
WBS（ワーク・ブレークダウン・ストラクチャ）	142

[あ]

因果構造	96
因縁無理解症候群	33
影響度解析	185
——能力	190

[か]

階層別マネジメント	159
解答100選当てはめ症候群	40
学習過程モデル	119
学習方法	116
拡大原因	54
仮説	32
——検証不足症候群	31
価値観	58
価値連鎖	111
関係者分析	67
観察	73
企業観	110
きく	75
技術	56
——のマネジメント	132
——問題	146
既存資産評価	185, 190
機能要件	128
業界の体質	111
業務システム	46
業務品質	134, 137
ぎりぎりの意思決定	179
経営資源の運用管理	113
経営者の責任	113
経験知の蓄積	100
原因構造解明	45, 67
原因分析	2, 8
——技術の修得	206
——結果の検証	206
——の進め方	205
——の始め方	204
構造	96

──解析能力	190
──モデル	97
行動習性	108, 110
固定能力像	108
根本原因	63
──分析（RCA）	59

[さ]

再発防止	100, 104
自意識	151
自己能力像	168
事後評価	124
自己防衛・言い訳症候群	20
事実確認不足症候群	22
事実究明こだわり症候群	24
実施者犯人思い込み症候群	29
失敗感	108
質問	82
──項目	92
──の検証	93
──の終了案件	94
──のタイプ	86
指導	107
受動的行動	108
状況把握	45, 66
小集団活動の評価	109
状態遷移	184
「情報」の分析	72
自律性	106, 108
水平展開	207
数値データ崇拝症候群	27
成功感	108, 110
成功事例	101
宣教師・相談所制度	208
操作性の要件定義	197
組織行動	151
──支援	124
組織能力	113
──像	112
組織の成熟度	99
組織のプロセス資産	208
組織風土	105
組織文化	58
──の確認	205
素質	167

[た]

対応検討	45, 69
対策先行症候群	38
タイミング設計	184
妥当性確認	175, 178, 197, 202
チェックリスト	99
定常業務	137, 160
適格性の判断	196
デザインレビュー（DR）	196, 202
統計的方法	28
特性要因系統図	97, 99
特性要因図	35, 97, 98

[な]

なぜなぜ5回	62
──こだわり症候群	37

索　引　213

なぜなぜ問答	37, 147
ニーズ・期待の分析と定義	125
ニーズ・期待の変化	128

[は]

発生原因	54
発生問題解消がすべて症候群	13
比較	80
非機能要件	129
ひと	58
「人」の分析	72
品質診断	100
品質担当役員	138
品質特性	128
品質保証記録	185
品質保証評価	190
品質マネジメントシステム（QMS）	49
複雑問題認識不足症候群	16
プラクティス調査	102
フレームワーク	50
プロジェクト憲章	179
プロジェクト品質マネジメント計画	191
プロセス	50
――資産	118, 142
――定義書	139
――フローチャート	50
文献の調査	103
分析能力	96
変化	82
変動能力像	108, 110

[ま]

まとめたがり屋症候群	26
マネジメント	57
――課題管理表	119
――行動	118
――システム	112
――指導力	159
――設計	158, 160
――の整合方法	184
――問題	146
――レビュー	116
慢性的問題	146
未然防止	100, 104
見逃し原因	54
みる	74
無能感	108, 110
「もの」の分析	71
問題	2, 9
――意識・意欲欠如症候群	15
――解決	2, 3, 44
――解決計画	123
――解決軽視症候群	12
――事例	101
――兆候見逃し症候群	18
――の構造	18
――の類型	121
――発生のメカニズム	6

[や]

有能感	108, 110

ユニットプロセス	50	――計画	191
要因分類症候群	35	――シート	118
要求仕様決定方式	124	リソース	50
要件定義技術力	178	類似品質問題の再発防止	191
要件分析技術	178	レビューア	155
予算削減リスク	184	レビュー漏れ	152

[ら]

リスク回避行動 108
リスク・ブレークダウン・ストラクチャ 118, 132, 142
リスクマネジメント 122, 132, 135, 159, 181, 184

[わ]

ワーク・ブレークダウン・ストラクチャ（WBS） 142

[著者紹介]

飯塚 悦功（いいづか　よしのり）

1970年東京大学工学部計数工学科卒業．1974年東京大学大学院工学系研究科修士課程修了．同年電気通信大学経営工学科助手．1976年東京大学工学部助手．1983年同講師．1984年同助教授．1997年東京大学大学院工学系研究科化学システム工学専攻教授．2008年同医療社会システム工学寄付講座特任教授．2012年同上席研究員，現在に至る．工学博士．

金子 龍三（かねこ　りゅうぞう）

1970年東京工業大学大学院修士課程修了．同年日本電気(株)入社．1981年日本電気テレコムシステム(株)出向．技術部門長兼TQC推進担当．1988年日本電気(株)伝送・ソフトウェア開発部長，開発本部長等歴任．1999年日本電気テレコムシステム(株)出向．取締役，技術管理本部長歴任．2003年日本電気通信システム(株)執行役員，CS品質保証部長，NCOS技術研修所長を経て，現在，(株)プロセスネットワーク代表取締役社長．

原因分析
～構造モデルベース分析術～

2012年4月23日　第1刷発行
2021年3月12日　第4刷発行

著　者　飯塚　悦功
　　　　金子　龍三
発行人　戸羽　節文

検印省略

発行所　株式会社　日科技連出版社
〒151-0051　東京都渋谷区千駄ヶ谷5-15-5
　　　　　　DSビル
　　　　電話　出版　03-5379-1244
　　　　　　　営業　03-5379-1238

印刷・製本　株式会社中央美術研究所

Printed in Japan

© Yoshinori Iizuka, Ryuzo Kaneko 2012　URL https://www.juse-p.co.jp/
ISBN 978-4-8171-9390-2

本書の全部または一部を無断でコピー，スキャン，デジタル化などの複製をすることは著作権法上での例外を除き禁じられています．本書を代行業者等の第三者に依頼してスキャンやデジタル化することは，たとえ個人や家庭内での利用でも著作権法違反です．